인문잡지 한편

19

혼자

“내 마음 유난히 쓸쓸하다.
하지만 내 마음은 매우 평온하다.
사랑도 미움도 없고
슬픔도 기쁨도 없으며
색깔도 소리도 없다.”

루쉰,「희망」

'혼자'를 펴내며

꽉 쥐었다 놓기

"나중에 어른 되면 나도 혼자 살아야지." 나의 세 살 아이가 어느 날 하는 말을 듣고 문득 아이야말로 평생 혼자 있어 본 시간이 없다는 것을 깨달았다. 세상에 처음 태어난 아기는 무력하다. 혼자서는 살아남지 못한다. 아기는 무력해 보이지만, 돌봐 줄 이를 자극하는 최선의 전략을 갖고 있다. 아기가 잘 크고 있는지 궁금해하며 몸 이곳저곳을 만져, 팔다리를 안쪽으로 오므려 껴안는 것처럼 보이는 '모로 반사', 손바닥에 무언가 닿으면 꽉 쥐는 '파악 반사' 등을 확인할 때마다 나는 아주 오래전 어미를 꽉 껴안고, 어미에게 꽉 매달려 살아남았을 아기의 존재를 상상하곤 했다. 아기는 힘껏 울음으로 자신을 돌봐 줄 이를 불러대고, 몸이 시키는 대로 꽉 붙잡고 놓지 않는다.

6개월쯤 지나면 아기는 낯선 사람과 주 양육자를 구분하기 시작하고, 눈에 보이지 않더라도 존재한다는 것을 이해하며, 기어서 원하는 곳으로 갈 수 있게 된다. 때문에 매일 돌봐 주던 이가 잠시라도 안 보이면 악을 쓰고 울고, 무엇이든지 스스로 혼자 해 보고 싶어하면서도 심하게 분리 불안을 느끼기도 하는데, 모두 인간의 자연스러운 발달 과정으로 알려져 있다. 이 홀로 떨어지는 일과 다시 엉겨 붙는 일은 아이가 자라는 동안 점점 그 주기가 길어지고 대상이 바뀌기도 하며 변화를 겪는다. 이러한 과정을 지나 어른이 되어서도 홀로 떨어짐과 다른 이와 한 몸처럼 함께하는 일은 한 쌍의 짝이 되어 되풀이되는 것 아닐까.

한편 아기를 돌보는 엄마의 삶은 어쩔 수 없이 피곤하고 지루하고 외로웠다. 정말 한순간도 혼자 있지 못했는데, 왜 그렇게 외로웠을까? 말 못하는 아기라도 남이기에, 그러한 타인의 욕구에 무척 세세하게 주의를 기울이고 반응해야 하는 것이 주 양육자로서 내 역할이었다. 가족의 도움 없이는 일하면서 아이들을 키울 수 없다고 생각해서 최대한 가족 가까이 이사했고, 가족에게 둘러싸인 삶이 바로 내가 택한 가장 최선이자 최고의 상황이었다. 이게 최고의 삶이라고? 주저 없이 그렇다고 대답하면서도, 나는 때때로 너무나도 혼자 있고 싶었다. '혼자'라는 주제는 그렇게 정해졌다.

나는 혼자 책을 읽고, 혼자 운동을 하고, 혼자 글을 쓰고, 혼자 여행을 하고 싶었다. 혼자 걷고, 혼자 잠을 자고 일어나고 싶었다. 혼자 있고 싶었다. 그런데 사실 나는 이 모든 것들을 거의 다 할 수 있었고, 원하는 만큼은 아니었지만 종종, 잠깐씩은 했다. 원이 풀리지 않았다. 그리하여 내가 상상했던, 그러니까 진짜 원했던 혼자 있음이란…… 시간과 상황이라는 조건 없이, 아무도 나에게 무언가를 요구하지 않고, 나 역시 누군가에게 일절 반응하지 않는 연결 없음 자체였다.

남의 리듬에 맞추어 살다 보면 누구라도 이런 극단적인 환상을 품게 되기 마련인 것일까? 둘째를 낳고는 이제는 잘 알고 있다고 생각했지만 어쨌거나 실제로 받아들이기엔 갑작스러운 단절이 있었다. 아기와의 나날 이전에 내가 일찍이 몰두했던 것, 가족이 아닌 사람들, 그때는 너무 중요했던 혹은 해결하지 못했던 문제들, 지난 삶을 구성했던 모든 것들, 즉 이전의 나 자신과의 단절. 지난 나와 뚝 떨어진 나는 무척 외로웠다.

고독 연습

시인 최승자가 어린 시절 고독이라는 단어에 처음 매혹되었던 일을 쓴 산문을 읽었다. 어린 그는 홀로 깊은 생각에 잠겨 간간이 슬픈 미소를 띠는 것 같은 고독 연습을 해 보지만, 곧 그만두게 된다. 얼마 지나지 않아 세계 속에서 독립된 개체로서 "한 인간이 그의 삶 속에서 경험할 수 있는 온갖 종류의 고독을 '실제로' 겪기 시작했기 때문"(『한 게으른 시인의 이야기』)이다.

인간이 결국 혼자이고 고독할 수밖에 없다면, 고독함에 그토록 매혹되는 이유는 무엇일까? 사람들과 관계에서 느끼는 고독이 있고, 나 자신으로 살기 위해 필요한 고독이 있다. 자기 자신과 충분히 연결되지 못한다고 느낄 때의 그리움은 겪어 보니 너무나도 절실했다. 다만 실제로 고독을 겪었다는 말에 소름 끼치는 무서움을 느낀다. 그러면서도, 처절하게 혼자였기에 또한 그의 시가 쓰였던 것이 아닌가 상상해 본다.

그런데 정말 혼자여야만 시를 쓸 수 있을까? 또 다른 시인 메리 올리버의 『시 쓰기 안내서』의 마지막 장 제목은 '창작 교실과 고독'이다. 쓰기 시작한다면 같은 목적으로 모인 여러 사람과 함께하는 것이 도움이 된다. 그러다 숙련되면 필연적으로 혼자하게 된다. "자신이 무얼 하고 싶은지 훨씬 명확하게 알기에 어느새 새로운 아이디어보다 적용과 자기 교감이 더 중요해진다." 새로운 것을 만들어 내려면, 나를 넘어서는 무언가에 닿기 위해서는 얼마만큼 혼자여야만 할까? 그런 질문을 품고 여덟 편의 글을 실었다.

하은빈은 장애인 연인 '우'와 사랑하고 헤어진 이야기를 담은 에세이 『우는 나와 우는 우는』을 내고 여러 독자 반응을 접한다. 좋은 말보다는 아픈 말이 더욱 힘이 세다. "어떻게 너만 감히 혼자가 될 수 있었니?" 글을 쓰는 작가이자 장애를 둘러싼 활동과 예술을 쌓아 온 사람으로서 그는 용기 내어 답하는 과정에서 책에서는 다 드러내지 못했던 기이한 표정을 발견한다. 남에게 보여도 될까 두렵지만 억누를 수 없는 그 감각은 힘이 세다. 읽는 사람도 단번에 콱 붙들릴 만큼.

혼자가 되는 일, 혹은 상대를 혼자가 되게 하는 일은 큰 마음의 짐을 동반한다. 이 사회에서 생존하기 위한 돌봄이 친밀성을 기반으로 제공되어 왔기 때문이다. 비평가 진송은 전통적인 가족, 연인, 친구의 친밀성에 기반한 돌봄에 의혹을 던진다. 친밀성과 돌봄의 교환을 끊는 것만이야말로 더 많은 "이름 모를 사람들"과 함께 살아남을 길이 될 것이다. 이미 노동이라는 형식을 통해 모두가 친밀하지 않은 돌봄을 항상 주고받고 있음을 인지한다면, 무언가 달라질 수도 있을 것이다.

혼자와 고립

혼자와 고립은 같은 말이 아니다. 혼자 사는 일에 열심으로 하루가 꽉 차 있기도 하고, 일터에 나가고 무언가 배우느라 여러 사람을 마주한대도 스스로 고립되었다 느끼기도 한다. 그 차이는 무엇일까?

한 번의 결심이 아니라 매일의 실천으로 혼자 살아온 인문학자 김영민은 오랜 세월 터득한 지혜를 전한다. "근본적으로 혼자만의 삶의 양식을 발명하고 유지하는 주체"인 학인으로서 그는 외출하고 돌아오면 조용히 속으로 '이제, 시작이다'라고 말한다. 60대 철학자의 생활의 묘는 소란 속에서 자신을 잃고 싶지 않은 현대인들을 위한 지침이 될 것이다.

한편 고립 청년을 현장에서 만나는 인류학 연구자 김미소는 그들이 현재 처한 상황만이 아니라 어떻게 고립이라는 상황에 이르렀는지를 함께 살펴본다. 이들의 경로에는 사회 구조적 배제의 경험과 경쟁적인 우리 시대가 겹쳐 있다. 개인의 잘못과 결함을 곱씹으며 이들이 이야기하는 각자의 고립이라는 감각은, 전혀 낯선 것이 아니라 오히려 익숙하다. 그저 스스로 고립되었다 자처하느냐 아니냐의 차이가 있을 뿐이다.

충북 음성노동인권센터에서 일하는 박성우는 대화하지 않는 요즘 남자들의 초상을 그린다. 남성들 사이의 공간이 텅 비어 있으며, 이 사이에서는 남성성이라는 갑옷이 제공하는 정해진 대본, 즉 조롱과 냉소, 욕설만이 반복된다는 것이다. 온라인 커뮤니티는 일견 솔직한 대화의 장을 여는 것 같지만 실상 정교하게 짜인 반향실에 지나지 않는다. 성찰을 요구하지도, 이견을 수용하지도 않는 알고리즘 속 대화는 타인과의 대화 불능의 상태로 이들을 몰아넣는다. 이러한 비관의 토대 위에서 박성우는 다소 파격적인 가능성을 발견한다. 서로에게 아무것도 기대하지 않고 대화하지 않는, 침묵이라는 최소한의 연대다.

기묘하게도 이러한 침묵은 역사적으로 언제나 반복된 선택일지도 모른다. 러시아문학 연구자 이종현은 지금으로부터 약 100년 전 레닌그라드의 '미치광이' 은둔 시인 알리크 리빈을 소개한다. 2022년 러시아의 우크라이나 침공 이후 러시아에서 '전쟁'이라는 단어는 공공연히 말하기 어렵게 되었다. 같은 해 리빈의 시선집 『거대한 전쟁이 온다』가 출간되는 사건이 일어났다. 어디에도 속하지 않고, 누구와도 연결되지 않았던 시인이 전쟁과 죽음, 공포에 맞서 구사했던 '비스듬히' 있는 기술을 배워야 할까? 똑바로 서거나 잔뜩 웅크린 것이 아니라, 죽기 살기도 아니라 비스듬히 존재한다는 시어를 곱씹다 보면 가장 외로운 날들은 결국 그렇게 보내야만 한다는 생각이 든다.

연결과 거리 두기

혼자를 둘러싼 극단적인 상황을 살펴봤지만 보통의 경우에는 처음부터 끝까지 처절히 혼자이기만 하거나 언제나 타인과의 연결에만 관심이 쏠리지는 않을 것이다. 우리는 혼자였다 연결되었다가 또다시 혼자가 되기도 하는 그런 일들을 거쳐 크고 작게 변화한다. 그것은 이전의 나 자신과의 단절이기도 하고, 이를 인지함으로써 새로운 나와의 연결을 이해할 수도 있다.

인류학자 홍성훈은 홍대에서 최초로 한국 음악을 튼 LP바

‘곱창전골’을 중심으로 홍대라는 공간의 기묘한 시간에 대해 쓴다. 디제이로 살며 노는 일을 일로 삼아 시간이 가는 줄 몰랐으되 변화한 홍대에서 어쩐지 이질적인 존재가 된 ‘나’를 발견한 그는 일견 순진한 듯 질문한다. “나는 나를 나눌 수 있을까?” 홍대의 흥망성쇠는 또 다른 이가 겪은 홍대와 겹쳐지고, 거기에는 잃어버린 나와 더불어 새롭게 발견한 나가 있다.

곱창전골과 음악처럼, 서로 관련 없는 듯한 의외의 만남이 새로운 것을 만들어 낸다. 그건 어쩌면 다른 시공간에 재배치된 나일 수도 있다. 미술 작가 임가영은 여러 미술관에서 주관하는 워크숍을 진행한다. 여러 사람을 만나고 뜻밖으로 연결되는 일이지만, 또한 한편으로는 한없이 혼자 되고 싶은, 마치 곰팡이와도 같은 축소 지향의 휴식을 간절히 바란다. 어떤 연결은 너무나도 피로하고 또한 지저분한 정동으로 가득 차게 마련이니까. 그는 워크숍이라는 특정한 시공간에서 “거리를 둔 참여” 하기가 자아낼 낯선 연결에 기대를 건다. 그의 말처럼 워크숍에 한번 참여해 보자. 예상과는 다른 무언가를 겪을 수도 있을 것이다.

한편을 떠나며

여덟 편의 글을 준비하면서 《한편》의 편집자들은 서로 혼자라는 상태를 어떻게 느끼는지 물었다. 무척이나 사적인 감정이 얽힌 이야기가 나왔다. 혼자 있길 갈망하기도 하지만, 혼자인 시간을 견딜 수 없기도 하다고.

혼자일 때, 남들과 함께할 때와는 조금 다른 나의 모습이 솟아오른다. 자기 자신에게 집중하는 것일까? 문득 아이가 요즘 나를 찾지 않고 혼자 곧잘 노는 모습이 머릿속에 떠오른다. 그럴 때면 왠지 내가 보고 있다는 것을 들키면 안 될 것 같아 곁눈질로만 본다. 그럭저럭 괜찮은 엄마로서 나는 아이들을 매일 만족시키고 기쁘게 하는 한편, 또한 실망시키고 좌절케 하는 일 역시 착실히 해 나가고 있다. 버거운 연결과 그에 따른 혼자 됨에 대한 환상도 처음처럼 강렬하진 않다. 어느 정도 내부로 스며들어 이미 내 일부가 된 것 같다. 분리는 매일 조금씩 더 자주 일어나고 있다. 이 주기가 점점 길어지다가 언젠가 아이는 나를 떠날 것이고, 나는 혼자가 될 것이다.

혼자를 열망하는 힘은 옅어졌지만, 그 환상의 모양은 전혀 사라지지 않고 여전히 머릿속에 그대로 있다. 혼자라는 것은 이렇게 내게는 무척이나 사치스럽게 감각되며 세계, 특히 나의 책임과 의무와 힘이 있는 이 세계와 연결되지 않을 수 있다는, 현실에서는 달성 불가능한 환상이다. 또한 이를 꿈꿨다는 것 자체에서 오는 죄책감과 한 쌍을 이룬다. 엄마로서 얼마나 강렬하게 혼자 됨을 바랐는지에 대한 죄책감은 이 글을 쓰며 조금 풀어졌다. 소아과 의사이자 정신분석가 도널드 위니코트은 이렇게 말했다. "저는 모든 걸 수월하게 느끼고, 답을 다 알고 있으며, 의심이란 걸 해 본 적이 없는 엄마 밑에서 자라기보다는 인간 존재의 모든 내적 갈등을 품고 있는 엄마의 아이이고 싶습니다."(『충분히 좋은 엄마』) 무언가를 인식하고 표현할 수 있다면, 왜곡되지 않고 해소될 수도 있다. 내 속에 홀로 고여 있던 이야기가 이제 다른 사람이 읽을 수 있도록 밖에 펼쳐져 있다.

꽉 쥐었던 것을 놓기는 언제나 때가 되면 하는 일이다. 이번

호를 끝으로 2020년 1월 창간호부터 만들었던 《한편》 만들기에서 손을 거두게 되었다. 지난 몇 년간 나름대로 가장 몰두했던 일이라면 역시 두 가지, 출산과 출판이다. 아이를 키우며 힘든 일도 많지만 그만한 보람도 없다고 하듯이, 책 만드는 일이 내겐 그랬다. 불만 없이 보람만 말하는 엄마 또는 편집자를 보면 무언가 잘못된 것 같은 불안함을 느낀다. 나는 역시 좀 '짜치더라도' 고난 역시 이야기하고 싶고, 또 듣고 싶다. 우리가 만든 책이 세상에 나가 많은 사람과 책과 시공간의 사이에 꼭 맞게 자리할 때 희열을 느꼈다. 제일 잘 아는 사람은 바로 만든 나라고 생각하기도 했지만, 내가 만든 책이 곧 내 책은 아님을 잘 알기에 언제나 조금은 외로운 일이기도 했다. 여러 번의 크고 작은 마감을 거치며 조금씩 전과는 다른 사람이 될 수 있었다. 처음에 비하면 이제는 불안도 기대도 적지만, 그래도 쥐고 있던 손을 놓을 때면 매번 무섭다.

읽는 이의 손으로 다시 줄 앞으로의 《한편》은 어떤 느낌일까? 아직 내 아이를 다 키워서 독립시킨 적은 없지만, 육아 휴직하는 동안 나 없이도 당연히 잘 나오고 있는 《한편》을 보며 일찍이 무척 뿌듯하면서도 정말 섭섭했다. 그렇지만 책을 둘러싼 연결은 훨씬 오래되고 강력한 것이다. 이 책을 집어들고 읽는 것도 혼자인 이들이 잠깐 마주치는 만남이 될 수 있다. 책장을 덮으면 사라지는 임시적인 공동체. 그렇지만 이렇게 작은 연결과 홀로됨의 반복이 지금도 우리를 끊임없이 바꿔 내고 있을 것이다.

이한솔(편집자)

인문잡지 한편
2026년 1월
19호

혼자

우는 나와 쓰는 나는

하은빈

하은빈　　목포에서 태어나고 자랐다. 글을 쓰고 공연을 한다. 일라이 클레어의 『눈부시게 불완전한』을 번역했고 『우는 나와 우는 우는』을 썼다. 불구의 몸, 상한 마음, 잘못한 사람에 관심이 있다.

“나는 사실 혼자가 되어 볼 수 있어
좋았기 때문이다.
살아남기 위해서
내가 가진 전부를
내다 버려 보아서 좋았다.”

2025년 3월 출간한 책 『우는 나와 우는 우는』은 비장애인인 내가 '우'라는 장애 당사자와 나눈 사랑과 이별의 경험을 담은 에세이다. 올해 이런저런 자리에서 이 책의 여러 독자들을 만날 기회를 가졌다. 그중에서도 가장 기억에 남는 것은 전국 근육병 장애인 청년 자조모임에서 줌으로 진행된 온라인 북토크다. 익명으로 받은 스무 개 남짓의 사전 질문들을 읽으며 나는 몇 차례 멈칫했다.

> 독자에게 전달하고자 한 핵심 의도가 무엇인지 궁금합니다. 헤어짐에 대한 죄책감을 덜어 내기 위해 여러 합리화를 시도하신 것처럼 느껴졌습니다.

장애인과의 연애가 힘들 수 있다는 걸 알려 주고 싶으셨던 건지, 아니면 본인이 느낀 힘듦과 죄책감을 이해해 달라는 마음이 더 컸던 건지 듣고 싶습니다.

몇몇 질문들은 정중했지만 공격적이었다. 그들은 이 책을 쓴 저의가 무엇이냐고, 네가 한 것이 과연 '진짜' 사랑이 맞느냐고 묻고 있었다. 어떤 독자가 SNS에 게시했던 부정적인 리뷰도 머릿속에 함께 떠올랐다. 그 역시 '이 책은 위선'이라고 일갈하며 위의 첫 번째 질문처럼 "작가의 죄책감을 덜어내기 위해 만든 책"이어서 마음이 떴다고 썼다.

당사자 자조모임에서 진행하는 행사를 마냥 편한 마음으로 수락했던 것은 아니다. 그 시점에 나는 비장애인 독자들 사이에서 느껴 온 미묘한 단절감에 얼마쯤 질려 있기도 했다. 그 단절감은 비단 책을 내면서만 느낀 것이 아니라 지난 10여 년 간 종종 겪었던 이중의 외로움을 건드렸다. 장애인 당사자가 출연하는 공연을 만들고, 대학에서 장애인권 동아리 활동을 하고, 장애 정치학을 전면적으로 표명하는 책을 번역하고, 장애를 비롯한 다양한 몸의 조건과 정체성을 가진 이들이 참여할 수 있는 움직임 워크숍을 만드는 동안 나는 조금 외로웠다. 장애인을 자신과 전혀 무관한 존재로 여기는 비장애인들에게서 위화감을 느끼는 한편, 장애인들이 구태여 말로 하지 않아도 공유하는 연결감이 내심 부러웠다.

행사에 응하게 된 데엔 무엇보다도 이 이야기를 가장 잘 알아볼 수 있는 독자들의 부름을 받았다는 기쁨이 컸다. 『우는 나와 우는 우는』에는 5년간 근육병을 가진 연인과 생활하며 온몸으로 지나온 이야기들이 듬뿍 담겨 있었다. 나는 우리가 구태여 말로 설명할 필요가 없는 이야기들을 주고받길 바랐던 것 같다. 근육병을 가진 몸의 독특한 질감과 무게에 대해서, 호흡기 바람의 터질 듯한 압력에 대해서, 돌보는 이와 돌봄 받는 이 사이에서 매일매일 새로 태어나는 긴밀하고 유기적인 협응에 대해서, 장애를 둘러싼 말과 글의 복잡다단함과 미끄러짐에 대해서, 무엇 하나 이렇다고도 정의 내릴 수 없고 저렇다고도 마음 편히 단정할 수 없는 곤란에 대해서 새로 말할 필요가 없으면 좋을 것 같았다.

그러나 행사 내내 나는 무슨 죄라도 지은 것처럼 진땀을 뺐다. 나를 배려한 사회자가 질문 원문에서 여러 맥락을 제거하고 산뜻하게 축약해 질의응답을 진행

했는데도 그랬다. 표면적으로 예의 바른 말들이 오가는 줌 화면 속에서 나는 이들과 나 사이에 분명한 선이 있음을 느낄 수 있었다. 장애인과 비장애인, 당사자와 비당사자, 남겨진 사람과 떠난 사람, 우리와 너. 나는 칸칸이 들어 있는 화면 속 얼굴들을 도저히 똑바로 쳐다볼 수가 없었다. 그 모두가 내 눈을 똑바로 바라보며 이렇게 묻고 있는 것만 같았다. 어떻게 뻔뻔스럽게도 우리 얘기를 가져다 쓸 수 있었나요? 그러면서 어떻게 당신만 감히 혼자가 될 수 있었나요?

보살 혹은 위선자

『우는 나와 우는 우는』을 떠올리면 어쩔 수 없이 위의 질문들이 '이 책은 위선이다.'라는 문장을 이루며 돌부리처럼 솟아 있다. 다른 한 켠에는 이따금씩 느닷없이 발부리를 낚아채 가는 또 다른 말도 있다. 그 말은 '여자가 보살이네.'로, 우와 내가 출연했던 2017년 6월 방영된 EBS 다큐멘터리 「꼽슬과 빙구」에 달렸던 댓글이다. 나는 당시 '여자가 보살이네.'에 많은 이들이 공감을 표한 것이 무척이나 속상했다. 단지 우와 있다는 것만으로 세상에 둘도 없는 천사 취급을 받아야 한다는 게 더없이 미안하고 비참했다.

겉보기에 크게 관련이 없어 보이는 이 두 말은 사실 같은 말의 안팎이다. '여자가 보살이네.'는 내가 장애인 연인의 곁에 머무는 내용의 방송을 보고 내가 착하다고 평하고, '이 책은 위선이다.'는 내가 장애인 연인의 곁을 떠난 일을 다루는 글을 두고 내가 착한 시늉을 내고 있다고 비난한다. 그러나 우와 있었던 것은 내가 딱히 착해서가 아니라 한때 우와 함께 있기를 원했기 때문이었고, 내가 우를 떠난 것은 내가 사실은 착하지 않아서가 아니라 언젠가부터 나 자신이 되기를, 그러기 위해서 혼자가 되기를 원했기 때문이었다. 세상의 여느 사랑이 그러하듯 내게도 이 사랑은 도덕의 문제가 아니라 욕망의 문제였던 것이다.

나를 위선자라고 부르는 그 목소리는 '여자가 보살이네.'보다 조금 더 힘이 세다. 그 목소리는 내가 감히 장애인 연인을 떠났다고, 그것으로 모자라 그 일을 말과 글로 합리화하려 한다고 나무란다. 연인의 몸과 삶과 마음을 내 작업적 재료로 이용하고 착취한다고 몰아세우고, 그 속을 들여다보면 막상 연인의 존재는 온데

간데 없고 순 자기뿐이라고, 볼썽사나운 자기 연민과 과잉된 자의식으로 점철된 글이라고 꾸중한다. 책을 쓰기 전부터 출간한 지 1년이 다 되어가는 지금까지도 내 마음은 들불처럼 번져 오는 이런 말들에 일일이 새까맣게 타 버린다.

내가 보살이나 위선자가 아니라는 말을 하고 싶은 게 아니다. 번번이 마음이 숯덩이가 되는 것은 그게 틀린 말이 아니라 맞는 말이라서, 어느 정도 보살이었을 뿐만 아니라 높은 확률로 위선자라서다. 하지만 잔불을 뒤적여 아직 타지 않은 말들도 찾고 싶다. 어떤 사람은 누군가와 함께 있다는 것만으로 보살이라는 말을 듣고, 또 그 사람을 떠난 일을 썼다는 이유로 위선자 취급을 받는다. 그런데 그에게 이 두 가지 길 말고 다른 뾰족한 수가 없다면, 거기에는 정말 그 사람의 잘못만 있을까? 누군가 힘껏 혼자가 되기로 결정한 이유가 보살도 위선자도 아니라 그저 자기 자신이 되고 싶었기 때문이었다면, 세상은 그에게 무슨 말을 해 주어야 할까? 어쩌면 세상이 그의 이야기도 좀 들어봐야 하는 게 아닐까?

자기 이야기(만) 하기

한편 나는 자기 이야기를 꺼내는 사람들에게 따라붙는 서로 다른 방향의 두 힐난에 대해서도 알고 있다. 어떤 사람들은 당신에게 당신은 오로지 당신 이야기만 해야 한다고 말한다. 그들은 사람들의 머릿수만큼의 이야기가 세상에는 있으며, 그중에서 당신의 것인 이야기와 그렇지 않은 이야기를 잘 가려내야 한다고, 그중 당신의 것인 이야기만 해야 한다고 말한다. 타인의 경험과 역사는 감히 건드리거나 함부로 가져와서는 안 되는 것이라고, 왜냐하면 그것은 타인의 삶을 착취하고, 약탈하고, 훔쳐 오는 행위이며, 그렇기 때문에 윤리적이지 않은 일이라고 가르친다. 이런 말들 앞에서 당신은 당신의 이야기에 타인의 지분이 너무 많다고 느낀다. 어쩌면 이것은 지나치게 당신 이야기가 아니라고, 그 이야기를 촘촘한 체에 받쳐 타인의 삶이 묻은 불순한 부분을 걸러 내야만 한다고 느낀다.

또 어떤 사람들은 당신이 오로지 당신 이야기만 하고 있다고 지적한다. 그들은 어떻게 그렇게 자기에게만 관심이 있느냐고, 자기 자신밖에 모를 수가 있느냐고 묻는다. 좋은 글에는 반드시 세계와의 상호 작용이 들여다보이고 타인과의 관계와 역동과 침투가 드러나는 법인데 당신의 말과 글 속에는 세계도 타인도 없이 순전히 당신뿐이라고 창피를 준다. '자기 연민'과 '자의식 과잉'을 작가들이 경계할 만한 태도로서 자주 언급하는 그들은 당신 자신이 아니라 세상에 아직 드러나지 않고 들리지 않은, 지워진 존재들을 위해 당신의 말과 글을 바치라고 꾸짖는다. 이런 말들 앞에서 당신은 자신의 이야기를 하는 것이 자기중심적이고 편협하며 이기적인 일이라고 느낀다. 이것은 지나치게 당신만의 이야기라고, 그 이야기를 이루는 당신의 말과 글이 뻔뻔하고 유아적이며 파렴치하다고 느낀다.

앞의 목소리는 당신에게 오로지 자기 이야기만 해야 한다고 압력을 가하고, 뒤의 목소리는 당신에게 오로지 자기 이야기만 하고 있다고 무안을 준다. 그리고 나는 이 두 목소리가 장애해방운동과 장애학의 언어들 속에서 당사자주의를 둘러싸고 반복되어 온 긴장과도 무관하지 않다고 느낀다.

앞의 목소리에서는 장애해방운동의 오랜 구호, "우리 없이 우리에 대해서 말하지 말라."의 반향이 들려

온다.[1] 이는 장애를 둘러싼 결정의 주체가 언제나 장애 당사자여야 한다는 강력한 윤리적 요청으로, 비당사자의 말하기가 쉽게 당사자의 경험을 삭제해 온 역사에 대한 저항을 드러낸다. 이는 말하기의 자격과 권한을 둘러싼 권력 관계를 가시화하면서 누가 말할 수 있는가의 문제가 곧 누가 결정하고 책임지는가의 문제임을 시사한다. 그런 점에서 이 구호는 당사자와 비당사자 사이에 가로놓인 쉽게 넘어서는 안 될 선을 의식하게 하며, 어떤 말하기가 누구의 삶 위에서 성립하는지를 끊임없이 되묻게 한다.

한편 뒤의 목소리에서는 자율과 독립이 아닌 돌봄

[1] "우리 없이 우리에 대해 말하지 말라.(Nothing about us without us.)"는 1990년대 이후 국제 장애해방운동에서 핵심적인 정치적·윤리적 구호로 자리해 왔다. 이 구호는 장애를 둘러싼 정책 결정, 연구 생산, 담론 형성의 과정에서 장애 당사자가 구조적으로 배제되어 온 역사에 대한 비판에서 출발하며, 장애인의 문제는 장애인 스스로 대변해야 한다는 자기 대표권(self-representation)의 원칙을 강하게 요청한다. 다만 장애학과 장애운동 내부에서도 당사자주의는 고정된 원칙이라기보다 대변과 연대, 재현과 착취의 경계를 둘러싸고 지속적으로 검토되어 온 논쟁적 개념이다. 장애계의 당사자주의 논쟁 및 비판에 대해서는 김도현, 「당사자주의의 환상을 넘어 횡단의 정치로: 장애인 당사자주의 비판적으로 이해하기」, 『장애학의 도전』(오월의봄, 2019) 268~275쪽을 참조하라.

과 의존을 우리의 핵심적인 존재 요건으로 정초하고자 하는 장애계의 사유와 실천이 드리운다. 장애학의 사유는 자립을 타인으로부터의 분리나 완전한 독립으로 상정해 온 근대적 주체 개념을 비판하면서 인간의 삶이 본질적으로 타인과의 관계와 의존 위에 놓여 있음을 전제한다.[2] 누군가의 도움과 돌봄 없이는 독립적으로 살아갈 수 없는 장애 당사자의 삶은 이러한 상호의존의 조건을 단적으로 드러내고, 단순히 선을 사이에 두고 있는 것만으로는 우리가 결코 '함께' 살아갈 수 없다는 역설을 직면하게 하며, 당신의 해방과 나의 해방을 연결 짓기 위해 우리가 그 선을 적극적으로 위반하고

[2] 자율과 독립을 근대적 주체의 핵심 조건으로 정초해 온 자유주의적 인간관에 대한 비판은 장애학과 돌봄 윤리 담론에서 중요한 이론적 축을 이룬다. 이러한 논의는 인간의 삶이 본질적으로 돌봄과 상호의존(interdependence)의 관계망 속에 놓여 있음을 전제로 한다. 일라이 클레어는 『눈부시게 불완전한』에서 치유 이데올로기의 근간을 이루는 자율과 독립의 이념이 어떻게 특정한 몸과 삶을 정상성의 규범 밖으로 밀어내 왔는지를 비판적으로 검토하면서, 관계적 존재로서의 인간을 사유하기 위한 조건으로 상호의존을 제안한다. 비당사자로서의 장애 글쓰기 혹은 말하기를 둘러싼 이 글의 고민은 "장애를 주장한다는 것은 엉망진창이고 불완전하며 언제나 과정 중에 있는 일, 이른바 상호 의존을 선택하는 일"이라는 그의 문제의식에 기대고 있다. 일라이 클레어, 하은빈 옮김, 『눈부시게 불완전한』(동아시아, 2023), 240쪽.

침범해야 한다고, 자유로이 흔들고 교란해야 한다고 말한다.

다시 말해 앞의 목소리는 당사자와 비당사자 사이에 선뜻 넘어서는 안 될 또렷한 선을 긋고, 뒤의 목소리는 우리가 함께하기 위해 그 선을 기꺼이 넘나들기를 청한다. 두 목소리 사이를 진동하는 내 안에는 이런 질문들이 남아 있다. 온전한 자신으로 살기 위해서 역설적이게도 언제나 타인을 삶 속에 들여야 하는 장애 당사자는 어떻게 이러한 '함께'의 여건 속에서 자유롭고도 존엄한 자립을 이뤄 낼 수 있을까? 사랑하는 사람들과 함께하기 위해서 역설적이게도 언제나 일정하게 자기 자신이기를 포기해야 하는 비장애인 주변인은 어떻게 죄책감 속에 '홀로' 남겨지지도 않고 자기 자신이기를 잊지도 않으면서 지속 가능한 '우리'를 꿈꿀 수 있을까?

요컨대 우리는 평등하게 함께 살기 위해서 얼마만큼 충분히 혼자일 수 있어야 할까? 누군가를 오롯한 혼자로서 존중하기 위해서 얼마만큼의 책임을 지고 도움을 나누어야 할까? 그렇게 하기 위해서 이 선의 안팎으로부터 얼마나 숱한 시행착오와 실패가 부지런히 오가야만 할까? 엇갈리는 꾸지람 앞에서 끝내 발설되지 못하고 마는 낙담이, 뒷담이, '자기 이야기'들이 얼마나 홍건하게 흘러넘쳐야 할까?

우는 나와 쓰는 나는

나는 이런 종류의 이야기가 후일담이나 실패담이 아닌 방식으로, 완결성과 정합성을 갖춘 매끄러운 모양새로 세상에 나오는 것을 좀처럼 상상하기가 어렵다. 누군가 이런 이야기를 울지도 더듬거리지도 않으면서, 한 입으로 두말을 하지도, 정정도 번복도 하지 않으면서 정연하게 술술 해낸다면 나는 그 사람이 무척이나 걱정스러울 것 같다. 나는 부딪치고 깨지고 조각난 이런 이야기들이 부서지고 깨지고 조각난 모양으로나마 세상에 나와 주고 또 남아 주기를 바란다. 그 이야기를 붙이고 기우는 것은 세상 사람들의 몫으로, 그 이야기를 필요로 하는 사람들의 손으로 미루어 두고 그렇게 해 주기를 바란다.

『우는 나와 우는 우는』도 결국엔 그러한 종류의 자기 이야기에 속하는 책이다. 애초에 『우는 나와 우는 우는』이라는 묘한 조어부터가 이러한 실패담이 으레 갖는 부서짐을, 미끄러짐을, 한계를 잘 예시하고 있기도 하다. 이 책 속에서 나는 '우는'이라는 주어를 반복적으로 시도하지만 그 시도는 끝내 미완이거나 미진한 것으로 남고 만다. 그러면서도 나는 그 자리를 떠나지 못하고 재차 '우는……'으로 시작되는 또 다른 문장을 쓰기를 멈추지 않는다. 그러는 동안 어느새 '우는' 온데간데없고 '우는 나'도 어디론가 사라지고 없다. 남는 것은 오로지 혼자인 나, 혼잣말하는 나, '쓰는 나'뿐이다. 그런 점에서 이 책의 숨겨진 진짜 이름은 사실 『우는 나와 쓰는 나는』이다.

이 모든 동어 반복 내지 중언부언은 앞에서 인용한 행사에서의 질문이 잘 짚고 있는 것처럼 "죄책감을 덜어내기 위한 여러 합리화"에 다름 아닐지도 모른다. 하지만 이 모든 문장을 다 부려 두고서 나는 아주 작은 목소리로 속삭여 묻는다. 그게 그렇게 나쁜가? '우는 나'로 남지 않고 '쓰는 나'로 거듭나서 나쁜가? 온통 나뿐만인 글을 써서 나쁜가? 오직 나뿐만인 글을 쓰지 못해서 나쁜가? 누군가의 너무 중요한 것을 글 안에 들여와서 나쁜가? 누군가의 실제와 본질을 아주 조금도 포착해 내지 못해서 나쁜가? 보살이었어야 했는데 그러지 못해서 나쁜가? 위선자가 아니었어야 했는데 위선자라서 나쁜가?…… 그렇게 계속 묻다 보면, 마음속 깊은 곳에서 참으로 불온하고도 야릇한 기쁨이 차오르는 것을 느낀다.

왜냐하면…… 나는 사실 혼자가 되어 볼 수 있어 좋았기 때문이다. 살아남기 위해서 내가 가진 전부를 내다 버려 보아서 좋았다. 단지 삶처럼 초라한 것을 비호해 볼 수 있어서, 오직 내가 죽지 않기 위해서 오래도록 엄청나게 창피하고 수치스럽고 비참할 것을 감행할 수 있어서 좋았다. 보살이었어서 볼 수 있었고 위선자였어서 붙들 수 있었던 이상하고 모순적인 문장들을 끝까지 써낼 수 있어서 좋았다. 도망칠 용기를, 비겁할 용기를, 이기적일 용기를 내 보았어서 좋았다. 얼마나 끝내주게 좋았냐면, 우에게 돌아가서 내가 우에게 한 일을 그도 내게 똑같이 했으면 좋겠다고 생각할 만큼 좋았다. 내가 내 본 용기 중에 가장 낯설고 비천하고 옹호하기 어려운 것이었고 그렇기에 가장 거룩하고 숭고한 것이기도 했다.

결국 바로 이런 이야기를 듣고 싶어서 이 책을 썼

다고 말해야 할 것이다. 보살도 위선자도 아닐 수 있는 사람들의 닮을 줄 모르는 긍지도. 전적으로 보살이고 완전히 위선자인 사람들의 무수히 꺾인 용기도. 혼자이고도 싶은데 함께이고도 싶어서 희한해지는 다짐도. 함께하면 할수록 외로워질 때의 괴괴한 곤혹도. 결국은 입 밖으로 꺼내지 않고 꽁꽁 밀봉하기로 한 속내도. 성난 파도 속을 하염없이 구르며 삼키고 뱉은 무진장 많은 물도. 그러다 누군가 꽁무니가 빠지게 도망했다면, 도망하면서 자기도 모르게 조금 웃었다면, 섬광처럼 그의 입가를 스쳐 갔을 밝고 흉한 미소도. 그 도망의 가장 으슥하고 후미진 경로마저도.

혼자 있는 법을 알고 싶은 이에게

김영민

김영민 철학자·시인. 『서양철학사의 구조와 과학』, 『동무론』(3부작), 『공부론』, 『집중과 영혼』, 『옆방의 부처』 등을 썼다. 인문학숙 장숙(藏孰)을 이끌고 있으며, 정기적으로 천안·서울·대구 등지에서 강의한다.

"나는 외출하고 돌아오면
신발을 벗는 중에
조용히 혼잣속으로 말합니다.
'이제, 시작이다'라고."

나는 젊은 날 한 여자와 잠시 동거한 적이 있긴 해도, 이제사 돌아보면 평생을 혼자 산 듯합니다. 이 회고에는 아득한 세월 긴 사막을 건너온 마른 바람의 냄새가 나는 듯도 하군요. 프랑스의 어느 유명한 여자는 '여자로 살아가는 데 익숙하다'고 말했지만 나 역시 혼자 살아가는 데에 아주 익숙하지요. 아니, 익숙하다 못해 짜장 전문가연하고 있기도 합니다.

한편 긴 세월을 남자로 혼자 살면서 겪은 갖은 불편과 오해, 심지어 소동은 우리 사회의 급속한 변화나 그 특성을 보여 주는 단면도처럼 느껴집니다. 실은 거의 30년 전쯤에 자발적 독신자를 자처하면서 이런저런 노하우를 떠들기도 했습니다. 게다가 '독신자 5계'라는 경망스러운 제목의 글을 쓰기도 했는데, 정비, 절제, 그리고 박해에 대한 예감 등을 열거했지요.

어느새 세월이 깊어, 이제는 자발적 독신자라기보다는 흔한 독거노인의 한 사람일 뿐인 처지가 되었습니다. 누구의 표현처럼 '서두르지도 않고 쉬지도 않고' 인생길을 걷는 중에 나는 늘상 책 읽고 글 쓰는 일에 쉼이 없었고, 게다가 긴 세월 대학의 안팎에서 인문 공동체 운동을 지속해 왔습니다. 근 30년을 거치면서 학생들, 청강생들, 그리고 독자들이 찾아들었고, 『동무론』을 참고로 삼으면서 다른 공부, 다른 생활 그리고 다른 희망을 만들고 벼려 왔습니다. 최근의 8년간은 장숙(藏孰)이라는 대안 인문학 학교를 중심으로 여러 모임을 꾸리고 있고, '정신은 자란다'는 기치 아래 법고창신과 교학상장의 긴 걸음을 타박타박 걷고 있습니다. 40권에 이르는 책을 출판하는 중에도 늘 공부론의 정립과 실천에 애썼지요.

내 인생에 묘처란 게 있다면 그것은 언제나 혼자와 공부길이 겹치는 순간과 그 계기였을 법합니다. 학인(學人)이란 근본적으로 혼자만의 삶의 양식을 발명하고 유지하는 주체이므로 어쩌면 내 삶은 혼자-살기라는 과제를 풀어내는 긴 과정으로 서술할 수도 있을 듯합니다. 해서 이 짧은 글에서는 그간 이 과제를 대하면서 스스로의 혼자를 어떻게 이해하고 조형하면서 실천해 왔는지, 그리고 이 과제가 공부길이나 인생길과 어떻게 연계되고 있는지를 내 일상의 대략을 통해 간단히 설명하고자 합니다.

+++

나는 외출하고 돌아오면 신발을 벗는 중에 조용히 혼잣속으로 말합니다. '이제, 시작이다'라고. 우리의 삶에는, 심지어 매일의 자잘한 일상 속에도 곡절과 어긋남이 있지요. 그 삶과 일상은 아무튼 지속되어야 하고, 그 지속성은 오직 스스로 명령한 어떤 생활 양식을 지며리 유지함으로써만 가능한데, 여기에서 '시작한다'는 의욕의 발화는 이 지속성의 벼리와도 같은 것입니다. 시장에 포획된 개인의 자율성이란 실은 자주 허황됩니다. 자기명령에 복종하는 삶의 양식을 정하고 지속할 때에야만 그 자율성은 도저한 혼자 속에서도 생산성을 얻습니다.

내 블로그[1]의 이름 아래에 적어 놓은 표어는 "그

는 비록 한물간 검객에 지나지 않지만 그의 생활은 규칙적이다.(他雖然是一個落魂的劍客但是他的生活很有規律.)" 라는 어느 중국영화의 대사입니다. 나는 규칙이 생활을 구제한다고 늘 말합니다. 특히 혼자 살아가는 사람의 경우에 이 사실은 매우 절실합니다. 자유를 향한 열망이 주체화에 기여하던 시대는 아득히 지나갔고, 그렇지 않더라도 그것은 이미 학인의 정체성은 아닙니다. 여기에 상설할 수는 없지만 자유에 대해서 나는 완전히 다른 생각을 지니고 있어요. '현복지(현명한 복종과 현명한 지배)'를 오랫동안 실험하고 있기도 하지만, 나는 자기 규칙에 대한 복종만이 단단한 주체를 만들어 낸다고 봅니다. 혼자 사는 생활은 이러한 주체 생성을 위한 틀이 되기도 하고, 경우에 따라서는 끝없이 시시한 에고의 늪이 되기도 합니다.

+++

시간을 정해 하루에 두어 차례 명상에 듭니다. 내가 쓰

[1] https://blog.naver.com/kdkgkei

는 말로 적경(寂敬)이라고 하는데, 그 요령은 중심을 낮추는 훈련입니다.

혼자 사는 생활에서 빈발하는 외로움이나 우울은 '낮게 떨어져서 바닥에 붙는(落ち付く)' 것에 대한 두려움과 관련이 있지요. 그것은 낮음 속의 평안과 그 창의성을 체득해 본 적이 없기 때문입니다. 마음이 뜨고 생활이 부박해지는 즉시 혼자의 시공간을 견디지 못합니다. 혼자 보내는 시간에 가장 무서운 적은 부픈 마음과 나뜬 잡념들이지요. 선정(禪定)이나 경행(經行)에 드는 취미를 가져 마음과 몸의 중심을 낮추고 매사 차분하게 중용을 구하는 태도가 생기면 혼잣생활에 부담이 없어지고 자율적으로 공부와 생활을 이끌어 갈 수 있습니다.

중심을 낮추는 훈련인 적경과 일맥상통하면서도 역시 혼자 사는 생활의 미학을 돌보는 게 누림입니다.

누림은 혼자 사는 생활의 근본적인 재미랄 수 있습니다. 실은 혼자가 깊고 단단해져야만 그 넉넉한 깊이 속에서 누림이 가능해지지요. 이것은 자본제적 삶의 심리적 단말기가 되어 버린 느낌(feeling)과 대조적으로 쓰이는 개념입니다. 이는 충분히 낮아진 몸과 마음이

타자와 대상을 접하고 응하는 방식에서 빛나는 순간들이지요.

차 한 잔을 정성껏 내거나, 그 찻잔을 동백기름 먹인 책상 위에 조심스레 얹거나, 그 찻물 위에 부사(副詞)처럼 연녹색 아우라가 뜨거나, 책장 사이로 오전의 햇살이 천진하게 부서져 들어오거나, 『조론(肇論)』 한 문장을 가만히 되씹고 낭송하거나, 아무 죄 없는 마음으로 사전을 들추어 보거나, 개념과 조짐과 전망이 한데 어울리면서 찾아오는 작은 깨침의 순간을 미소로써 답하거나, 새로운 산책길에서 새로 만난 야생화에 잠시 몸을 떨거나, 단전이 절로 부풀어 물소리를 내거나, 은행잎이나 단풍잎 떨어지는 사이로 제행무상의 기별이 찾아올 때나, 젊은 엄마에게 안긴 젖먹이가 내게 고개를 돌리면서 하얗게 웃거나, 노랗게 벼 익는 소리가 길에 깔리거나, 내가 무슨 운명처럼 좋아하는 팥빵의 낯선 종류를 만나거나, 숲이 뜻밖에 깊어져 멧돼지나 담비를 만나거나, 새털구름 아래 참매의 정지비행 아득해지는 순간을 접하거나, 강의 중에 참한 질문을 품은 젊은이의 눈을 보거나, 나는 오직 혼자만으로 가능해진 마음의 경계 속에서 내 삶의 작은 선물들을 누립니다.

+++

누림이란 중심이 충분히 낮아진 마음이 제 실력의 경계와 윤리 속에서 체험하는 수동적 긴장(passive attentiveness)의 순간들입니다. 생활 속의 작은 미학이 발생하는 자리들이야말로 혼자 살아가는 학인의 (공간이 아닌) 장소를 구성하지요.

나는 늘 응하기가 전부이며, 응하기야말로 진정한 실력이라고 말해 왔지요. 응하기로서의 실력이란 이른바 4대 성인들의 일상 속에 훌륭히 예증됩니다. 네 분 다 생활 속에서 만나고 스치는 여러 이웃들의 관심과 고민을 현장에서 응(應)하면서 문제를 풀고 위로하고 새로운 삶의 전망과 희망을 제시하곤 했습니다. '지식을 고쳐 지혜를 얻는다(轉識得智)'고 했지만, 말로써든 행위로써든 구체적인 일상의 현실에 개입하는 게 지혜이자 실력이지요. 얼마간의 개인차가 있긴 하지만, 이 분들은 피안을 위한 형이상학이나 도그마를 고집한 게 아니라 당대 현실 속의 갖은 인간사에 지혜로써 응대했고 관후함으로써 더불어 살아 냈습니다. 앎이 응하기를 통해 현실에 박진하는 일, 그게 바로 실력이랄 수 있습

니다.[2]

바로 여기에서 장소화라는 개념을 얻습니다. 니시다 기타로나 하이데거의 말처럼 사람은 장소를 통해 자신의 삶을 이루어 갑니다. 장소가 없다면 그는 노예이거나 혹은 황제일 법하고, 소비자이거나 이름 좋은 노마드(nomad)일 것입니다. 긴 세월 혼자를 지켜 온 내 생활의 생산성은 이런저런 장소(감)에 기초하고 있습니다. 그중에서도 서재와 차방은 내 관심과 실력과 정성과 세월이 녹아 있는 곳으로, 다양한 누림의 순간과 함께 혼자 있는 내게 무한한 위안과 통찰을 선사합니다. 나는 다양한 글 속에서 '현명한 관념론의 길'을 말하고 그 실천의 좁은 길을 밝혀 오곤 했지만, 장소화란 곧 사람이 그 이웃들의 가장 낮은 차원인 사물에 응하는 방식의 일종에 다름 아닙니다.

관념론이란 잘라 말해서 정신의 자기 표현력을 신뢰하는 사고방식이자 이에 준하는 생활 양식을 말합니다. 그리고 장소화란 다만 사람의 정신과 정성이 자신을 표현하는 짧지 않은 세월을 통해서, 사물들이 함께

[2] 김영민, 『적은 생활, 작은 철학, 낮은 공부』(늘봄, 2022).

존재하는 곳이 어느새 얻게 되는 생활 체감을 말합니다. 장소화된 장소는 혼자의 삶을 지며리 견지할 수 있는 아지트와도 같습니다.

장소화된 장소를 달리 표현하자면 '마음을 둘 수 있는 곳'이랄 수 있습니다. 전술한 대로 짧지 않은 세월 속의 정신과 정성이 그 속에 표현된 것으로서의 장소감이란 곧 사람이 길고 평온하게 마음을 붙일 수 있는 곳이기도 합니다. 혼자 있을 수 있다는 것은 곧 혼자 있는 그 마음을 둘 수 있는 곳이 있다는 뜻이기도 하지요. 외로움이나 허무감은 기본적으로는 제 자신의 존재감을 놓친 채 타인 지향적인 기분에 빠져 있는 것, 혹은 일상을 살아가는 제 존재의 중심이 충분히 낮아지지 못한 데에 그 원인이 있지만, 테크니컬하게는 제 마음을 둘 수 있는 장소들과 사물들을 창안해 내지 못한 데 기인하기도 합니다. 상품은 상품대로 넘쳐 나고 마음은 마음대로 넘쳐 나는 세속 속에서 길게 마음을 둘 자리가 없어 불어난 강물 위로 불어 터진 돼지처럼 부유하거나 기껏 갖은 중독의 미늘에 걸려 허덕인다면 이미 그에게 혼자란 없는 것이지요.

+++

우리의 생활은 작은 일들의 반복이면서도, 다른 한편 문제 풀이의 연속이기도 합니다. 삶의 질이란 실은 이 같은 작은 일과 작은 문제에 어떻게 응접하며 대처하고 있는가 하는 데에서 결정 납니다. 낮은 중심 속에 거하다가, '일이 생기면 따라서 마음을 내고 이에 잘 응하는 일(事來而心始現而應)'이 우리 소소한 일상의 전부라고 해도 과언이 아니지요. 나는 늘 응하기가 전부이며, 응하기야말로 진정한 실력이라고 말해 왔지만, '나는 내 생활'이고, 다시 내 생활은 수없이 자잘한 응하기의 연쇄라고 한다면 결국 작은 일들의 반복 속에서 내 삶의 허실과 명암이 드러나지요.

그래서 이기는 싸움을 주문합니다. 실은 혼자 사는 삶의 동력은 바로 이 이기는 싸움의 연쇄일 뿐입니다. 인생은 크게 지고, 생활은 작게 이긴다는 뜻의 이김입니다. 호기롭게 싸움이라고 했지만 명량대첩과 같은 거창한 게 아닙니다. 리 호이나키는 '문을 열고 닫는 작은 행위에도 도덕적 의미가 있다'는 말을 인용한 적이 있지요. 찌개 그릇을 씻는다거나 이를 닦는다거나 침대를 정리한다거나 신발을 제대로 벗고 정리한다거나 "안녕하세요!"라는 인사를 적절히 한다거나 기차에 승차하고 있는 30분을 유익하게 보낸다거나 혹은 서재에서 주방까지 걸어가는 방식에 관한 싸움과 같은 일견 시시한 것들입니다. 이 시시한 것들의 반복에서 제 나름의 기량과 일관성으로 완벽하지 못한다면 혼자라는 존재는 서서히 부스스해지고 부서집니다.

다른 한편 '오직 이기는 싸움만을 준비했다'는 게 이 장군의 전승(全勝)을 뒷받침하는 배경이라는 사실을 기억할 필요가 있지요. 삶 속의 작은 반복은 범상할 뿐이지만, 한 순간, 한 걸음, 한 손길, 한 소리, 한 약속의 성패 속에 삶의 전부가 고스란히 들어있다는 점에는 어떤 비상함이 있지요.

나는 핸드폰이 없습니다. 나름의 이유로 이러한 결정과 생활을 해 왔고, 한때는 부재(不在)의 존재증명이라는 이론적 틀 속에서 설명하곤 했지요. 항용 자본제와의 창의적인 불화를 말해 왔지만, 잘라 말해서 이 부재의 사실이야말로 내 혼잣생활의 표식이며, 창의성을 얻기 위한 일관성이기도 합니다. 학인으로서 그리고 수행자로서 혼자 살 수 있다는 것은 특히 주요 매체들과의 관계를 꾸준히 성찰한다는 말이니까요.

나는 잠자리에 드는 일을, 그 완전한 혼자의 시간을 하루의 시작으로 여깁니다. 생활에 끝과 시작이 따로 없어 그 솔기 없는 연환을 끈기와 순발력으로 이어가는 게 요령이긴 하지만, 특히 이것은 잠과 잠자리를 내 생활로부터 소외시키지 않기 위한 전술적 배려입니다. 나는 초월적 현상 일반을 논의하는 글[3] 속에서 '그 모든 것이 인간사의 일부'라고 했지만, 잠도 꿈도 내 삶의 일부이며 공부길의 한 부분이기 때문이지요. 옛말에도 "꿈속에서도 공부의 깊고 낮음을 증험한다(夢中也加驗所學之淺深)"라고 했듯이, 무의식의 지형과 경계를 살피고 바꾸는 노력이야말로 공부의 심처를 건드리는 애씀이지요.

[3] 김영민, 『그림자 없이 빛을 보다』(글항아리, 2023).

친밀하지 않은 돌봄

진송

진송　　2020년 시에 대한 글을 시작으로 작품 활동을 시작했다. 연극, 영화, 사진 등 다양한 분야의 문화예술에 대한 비평적인 글을 쓴다. 2023년 도파민퀴어진클럽 0기 멤버로 참여한 이후 사진과 에세이로 진(zine)을 만들어 유통하는 작업을 이어오고 있다. 대학원 박사과정에서 한국 현대시를 공부한다.

"오로지 친밀성만이
사회적 상호의존을 보장할 때,
모두의 생존을 위해서 필요한 것은
친밀성의 확장이 아니라
친밀성과 생존 사이의
급진적 단절이다."

친밀성은 상호의존을 보장한다. 우리는 가족에게, 연인에게, 혹은 친구에게 의존한다. 가족에게 의존할 수 없을 때 연인에게 의존하고, 연인에게 의존할 수 없을 때 친구에게 의존하기도 한다. 이러한 의존 속에서 우리는 정서적, 신체적, 경제적으로 돌봄을 받고 돌봄의 주체로 거듭난다. 취약한 개인은 타인에 대한 의존 속에서 돌봄을 받으며 자립성을 회복하고, 자기 자신을 돌볼 수 있는 최소한의 자립 속에서 그는 타인의 의존에 돌봄으로 대답할 수 있다. 따라서 돌봄과 의존이 언제나 상호적인 것은 아닐지라도, 상호의존은 언제나 상호돌봄이며 상호돌봄은 언제나 상호의존이다.

그러니 상호의존의 필요성은 대개 친밀성의 사각

지대에 있는 사람들의 취약성으로부터 제시된다. 국가가 책임지지 못하는 개인의 어려움을 '친한 사람'들이 대부분 해결하게 되는 사회적 관계 배치 속에서, '사회적 안전망이 부재한다'라는 말은 '힘들 때 도와줄 사람이 없다' 또는 '도와줄 만큼 친한 사람이 없다'라는 말로 바꾸어 써도 손색이 없다. 독거 노인, 은둔 고립 청년 등 친밀성 부재가 전면화된 계층뿐만 아니라 친구들에게 커밍아웃하지 못하는 성소수자, 경제적 부담으로 인해 사교 활동에 적극적으로 참여하지 못하는 경제적 취약 계층, 낯선 문화에 소속되는 데 어려움을 겪는 이주민 노동자 등의 많은 사람들이 불안정한 친밀성과 사회적 불안정을 밀접하게 연관된 채로 경험한다.

문제는 '친한 사람'들이 전담하는 돌봄, 즉 '사적 돌봄'의 공백을 해결해야 할 국가의 돌봄 역시 친밀성의 위계에 기반해 있다는 것이다. 대표적인 사례가 가족중심적 복지제도다. 일례로 국민기초생활보장제도는 국가의 지원 이전에 가족 내 부양이 우선적으로 이루어져야 한다는 전제를 둔다. 생계급여에서는 지난 2021년 부양의무자 기준이 폐지되었으나 의료급여에서는 여전히 가족의 부양 기능이 미흡하거나 부양 능력이 없을

경우에만 국가가 최후의 안전망으로서 지원을 제공한다는 규칙이 유지되고 있다.[1]

한편 친밀성과 사회적 안정의 결합은 국가를 넘어 근대 사회의 공통 감각과 연루된 문제이기도 하다. 사회학자 앤서니 기든스는 『친밀성의 구조변동』에서 결혼에 대한 인식이 18세기 후반을 지나며 신분과 경제적 조건 등을 바탕으로 한 비인격적 결합에서 사랑하는 사람과의 결합으로 변한 것을 분석하고, "낭만적 사랑 복합체"[2]로서의 결혼에서 '낭만적 사랑'의 관념을 발견한다. 그는 친밀성이 결혼의 조건이 되면서 등장한 낭만적 사랑을 "미래를 통제하는 잠재적인 통로"이자 "심리적인 안전의 한 형태"[3]로 보았다. 낭만적 사랑은 '친밀성의 구조변동'을 일으키며 가족을 만들 수 있는

[1] 부양의무자"란 수급권자를 부양할 책임이 있는 사람으로서 수급권자의 1촌의 직계혈족 및 그 배우자를 말한다. 다만 사망한 1촌의 직계혈족의 배우자는 제외한다. 「국민기초생활 보장법」 제2조 제5호, 법률 제21065호, 시행 2025. 10. 1.

[2] Anthony Giddens, *The Transformation of Intimacy: Sexuality, Love, and Eroticism in Modern Societies*(Stanford, CA: Stanford University Press, 1992), p. 46. 국내에는 『현대 사회의 성·사랑·에로티시즘: 친밀성의 구조변동』(배은경·황정미 옮김, 새물결, 2001)으로 출간되었다.

[3] Ibid., p. 41.

'낭만적 친밀성'에 다른 친밀성들에 대한 배타적인 우위를 부여했다. 이 새로운 친밀성은 연인처럼 '아직' 가족이 아닌 관계에도 가족을 은유할 수 있는 역량과 가족으로 발전할 수 있는 가능성을 심어 주었다.

'혼자'는 다른 사람과 함께 있지 않은 상태를 일컬음과 동시에 일상어로서 친밀성이 부재하거나 결핍된 느낌을 표현할 수 있는 단어다. 그리고 그 느낌은 사회보장 제도가 친밀성의 위계를 재생산하는 지금의 상황에서 사회적 안전망 밖에 있다는 불안으로 이어지기 쉽다. 사적 돌봄과 제도적 돌봄이 '친밀한 사람·더 중요한 사람을 돕는다'는 서로의 논리를 반복하며 친밀성의 사각지대를 돌봄의 사각지대로 재생산하는 모순 속에서, 과연 '혼자'도 상호의존을 말할 수 있을까?

우정, 로맨스보다 낫거나
더 나은 로맨스이거나

견고한 친밀성의 위계에 '혼자'인 상태와 느낌을 틈입시키고, '혼자'의 사회적 중요성을 말하기 위해 나는 뜻밖에도 이 글에서 우정을 이야기하려 한다. 내가 이야기하려 하는 우정은 낭만적 사랑과 거의 구분되지 않을 정도로 절절한 우정이 아니라, 낭만적 친밀성이 그 자신을 배타적으로 확립하며 구성하는 바 '로맨스[4]가 아님'이라는 부정(否定)의 방식으로 구성되는 우정이다.

친밀한 공동체 대부분의 근간이 되는 우정과 '혼자'라는 말은 언뜻 어울리지 않는 것처럼 보인다. 그러나 우정은 (아직) 성애적이지 않으면서 몹시 긴밀한 '단짝 친구' 사이의 친밀성에서부터, 존재감이 희박한 비규정적 관계에서의 친밀성까지를 모두 포함할 수 있는 친밀성의 용광로다. 이름조차 가물가물하지만 언젠가 친밀한 인사를 나눴던 것만 같은 그 아이를 불러세우기 위한, "저기, 거기, 그…… 친구야." 속의 망설임을 떠올려 보라. 우리는 심지어 지구 반대편에 있는 사람들에게 친근감을 표시하기 위해 '지구촌 친구' 같은 표현을 널리 쓰기도 한다.

한 유명 애니메이션 주제가의 제목처럼, "우리는

[4] '로맨스'는 '낭만적 사랑(romantic love)'과 혼용될 수 있는 'romance'의 번역어인바, 이 글에서는 연인이나 부부 간의 성애적 결합에 존재하는 낭만적 친밀성을 넘어서 친밀성의 위계를 낭만적으로 재편하는 낭만적 친밀성 전반을 일컫는다.

모두 친구"가 될 수 있으며 어떤 의미에서 우리는 이미 모두 친구다. 그러나 모든 것은 때로 아무것도 아닌 것을 의미한다. 전 지구를 아우를 수 있는 '친구'라는 거대한 그릇에 익명적이고 비인격적인 친밀성이 한가득 넘실대듯이. 우정이 '로맨스가 아님'이라는 부정의 방식으로 자신의 방대한 규모와 안전한 경계를 확립한다는 점에서 '어떤 관계가 아니거나 그러한 관계가 되지 못함'이라는 '혼자'에 대한 감각은 우정의 숨겨진 본성이라고까지 할 수 있다.

동시대 한국의 문화와 담론에서 우정은 '혼자'가 아닌 '함께'의 조건을 이해하기 위한 접근법으로 기능해 왔다. 2010년대 중반을 전후로 여성 간 연대와 우정을 다루는 문화적 재현이 활발해졌고[5] 2020년대에

[5] 문단 문학에서는 문학 제도권에서 최은영, 정세랑, 박민정, 강화길, 윤이형, 한정현, 이미상, 김지연 등의 여성 작가들이 여성 간 연대와 우정, 퀴어 관계에 대한 작품을 활발하게 제출했고 젊은작가상, 이상문학상, 현대문학상 등의 좋은 성과를 거두었나. 영화계에서는 「아가씨」(2016, 박찬욱), 「벌새」(2018, 김보라), 「미쓰백」(2018, 이지원), 「허스토리」(2018, 민규동), 「윤희에게」(2019, 임대형), 「삼진그룹영어토익반」(2020, 이종필) 등의 작품들이 여성 간 연대와 우정, 퀴어를 주제로 다루며 두터운 팬층을 확보하고 '여성 서사'에 대한 관객들의 요구를 입증했다. 이외에도 「술꾼도시여자들」(2021, 김정식·박수원), 「청춘시대」(2016~2017, 이태곤·김상호), 「은중과 상연」(2025, 조영민)과 같

들어서는 몇몇 문학·인문 잡지에서 우정 혹은 동료애를 중심으로 지면을 기획하기도 했다.[6] 이는 페미니즘 담론 정치의 자장 속에서 이성애규범적(heteronormative) 로맨스 밖의 관계에 대한 관심이 폭넓게 증대된 것의 영향으로 진단할 수 있다.

페미니즘 리부트 이후 여성이 남성과의 가부장적 관계 속에서만 규정되는 것에 대한 문제의식이 널리 공유되었다. 또 데이트폭력이 사회적 문제로 대두되는 한편, 정상성이라는 허위로 유지되어 온 로맨스의 환상 이면에 자리한 폭력성과 그것을 지지하는 이성애규범성에 대한 폭로가 잇따랐다. 이러한 맥락 속에서 우정뿐만 아니라 동성애를 포함하는 '퀴어 친밀성(queer intimacy)'의 전 영역이 크게 주목받았다.[7]

은 드라마 등 여성 간 우정을 전면에 내세운 문화적 재현물의 사례는 수도 없이 많다.

[6] 계간 《자음과모음》 2024년 겨울호(63호)가 '동료'를, 인문잡지 《한편》 12호(2023년 9월)가 '우정'을 기획 주제로 삼아 관련된 글들을 발행한 바 있다.

[7] 이성애적 규범 밖에 있는 친밀성을 일컫는 단어로 연구와 비평을 포함하는 퀴어문화의 전 영역에서 널리 쓰이고 있다. 《한편》 12호 '우정'에서 비평가 이연숙은 "이성애 규범적인 관점에서 볼 때 마땅히 분리되어야 할 친구, 연인, 선생, 동료, 적을 가르는 기준이 나에게는 부재하거나 모호하다"라는 의미로 '퀴어 친밀성'을 사용하기도 했다. 이연숙, 「비

그 과정에서 우정은 1) 로맨스보다 낮거나 2) '더 나은' 로맨스(로서의 퀴어 로맨스)로 우리를 이끌 수 있는 것으로 받아들여졌다. 박상영의 소설 「재희」를 영화로 각색한 이언희 감독의 영화 「대도시의 사랑법」은 게이 남성과 이성애자 여성 간의 우정을 재현함으로써 남녀 간의 우정을 언제든 이성애로 발전할 위험을 가진 '불순한' 것이 아니라 "순도 100% 찐사친"[8] 간의 '로맨스가 아닌' 우정으로 그린다. 그러한 우정 속에서 게이 남성인 흥수는 데이트폭력, 여성 대상 주거침입 등의 성범죄로부터 이성애자 여성 재희를 보호하는 한편, 재희가 원치 않은 임신으로 산부인과를 방문할 때 동행하는 등 유독한 이성애 로맨스가 낳은 부정적 결과들의 대척점에서 '남성'에게 기대되는 돌봄을 훌륭하게 수행한다. 흥수의 모습은 남성과의 로맨스보다 나은 남성과의 우정을 남성과의 친밀성이 가질 수 있는 새로운 가능성으로 제시한다.

한편 퀴어 로맨스의 클라이맥스를 가부장제로부

(非)우정의 우정」, 《한편》 12호(2023).

[8] 영화 「대도시의 사랑법」 공식 2차 포스터 카피 문구는 "사랑은 노터치/우정은 포에버/순도 100% 찐사친 리얼 라이프"이다.

터의 해방과 겹쳐 두는 「아가씨」의 서사는 레즈비언 관계를 이성애 로맨스의 탐욕과 착취 너머에 있는 것으로 재현한다. 이성애규범적 사회에서는 로맨스로 인정받지 못하는 동성 간의 친밀성 속에서, 영화의 '해피엔딩'이 환상적으로 제시하는 바 낭만적 사랑의 약속을 발견하려는 시도는 우정으로부터 폭력적 로맨스의 대안을 찾고자 하는 욕망의 연장선상에 놓인다. 이를 비롯하여 "(「벌새」 속 여성 인물들 간의 관계에 대해) 모든 관계는 일정 수준 이상 깊어지면 로맨틱한 면모를 띤다"는 제19회 베를린영화제에서 김보라 감독의 발언과 그에 대한 많은 여성들의 성원은 '아직은', '로맨스가 아닌' 우정으로부터 낭만적 친밀성의 역량을 발견하고자 하는 욕망을 보여 준다. 이러한 문화적 사례들에서 퀴어 로맨스는 '친밀성이 심화된 우정'(더 정확히 말하자면, 친밀성이 심화되어 이제는 우정을 넘어서게 된 '우정 아닌 것')으로서 이성애보다 '더 나은' 친밀성을 약속한다.

친밀성 위계와 생존의 결탁

퀴어-페미니즘이 가져다준 의식의 각성 속에서 동시대

한국의 문화적 재현과 담론은 로맨스를 억압적 가부장제와 문화를 유지하고 재생산하는 친밀성으로 보고, 우정을 그 제도 밖에서 타진될 만한 더 나은 친밀성, 더 올바른 친밀성, 위계에 의해 통제되지 않는 건강한 갈등이 가능한 친밀성의 영역으로 구상했다. 낭만적 사랑의 약속을 만들지 못한다는 점에서 로맨스를 넘어서지 못하는 우정의 한계는 퀴어 로맨스를 포섭하는 방식으로 보충되었다. 이 모든 흐름은 충분한 타당성과 설득력을 갖추고 있다.

그런데 제도 밖에 있다는 것은 억압적 제도로부터의 해방뿐만이 아니라 제도가 보장하는 사회적 안전과 생존으로부터의 추방을 의미하기도 한다. 낭만적인 우정은 친밀성의 강도를 근거로 사회적 성원권을 유지한다는 점에서 가부장제의 논리를 제한적으로 반복한다. 이성애자 가족을 닮은 동성애규범적(homonormative) 친밀성이 합법적 동성혼에서처럼 가부장제 국가와 나름의 타협을 이룰 수 있는 것과 마찬가지로, 동성애를 닮은 우정도 제도에 자신의 권리를 설득할 만한 실마리를 이미 갖추고 있다. 그러니 친밀성의 위계를 전복하고자 할 때 논쟁에 부쳐져야 할 것은 이미 주목받아 온

바 로맨스를 충분히 은유할 수 있을 만큼 강렬한 우정이 아니다. 문제는 제도를 포함하는 모든 사회적 약속으로부터 가장 먼 곳에 있는, 희박한 친밀성으로부터의 우정이다.

여성학 연구자이자 활동가인 김순남은 『가족을 구성할 권리』에서 '난잡한 친밀성의 정치'의 필요성을 제시한 바 있다. '난잡한 친밀성의 정치'란 "'소중한' 친밀적인 세계를 하나로 규정할 수 없다고 보며, 결혼/혈연 중심의 친밀성으로 귀속되지 않는 여러 관계망에 대한 상호의존을 가시화"[9]하는 정치적 활동이다. 그는 친밀성의 문제를 가족구성원 문제의 전면에 내세우면서, 법적 가족의 테두리를 벗어나는 것에서 더 나아가 가족주의적 친밀성의 위계를 벗어난 공적 돌봄이 필요함을 주장한다.

그는 '이성애 규범적인 가족 중심 시민 모델'이 그 모델 바깥에 있는 시민의 '권리'를 박탈한다고 비판하면서도, 친밀성에 의거한 제한적 시민권이 아닌 친밀성의 위계 그 자체를 문제 삼는다. 가족구성권연구소에

[9] 김순남, 『가족을 구성할 권리』(오월의봄, 2020), 120쪽.

기고한 다른 연재 기사[10]의 일부는 이 '관계의 위계' 문제를 생활동반자법과 관련하여 상세히 논하고 있다. 그는 혼인평등 비판에서 더 나아가, 동성혼의 대안으로 제시되는 생활동반자법이 처음으로 논의된 2014년 당시부터 "성인 중심, 2인 모델에 기반을 둔 관계의 모델" 즉 "동성혼과 유사한" 모델로 제시되었다는 점을 비판한다. 동성혼과 유사한 생활동반자법의 가족 모델은 '낭만적 친밀성'의 구조를 이성혼과도 유사하게 반영한다. 따라서 친밀성의 사각지대를 상호의존의 사각지대로 만든다는 정상가족의 근본적인 한계를 극복하기가 어렵다. 2025년에 최초로 발의에 성공한 생활동반자법 의안 역시 기존의 가족관계와 생활동반자관계의 중복을 금지하는 조항[11]을 통해 배타적 친밀성을 통해서만 사회적 안전망을 구축하는 가족적 사유의 한계를 여

[10] 김순남, 「퀴어가족정치의 장, 사회적 재생산 위기에 응답하다」, 가족구성권연구소 웹페이지, 2023년 7월 7일부터 2023년 9월 29일까지 모두 6편 연재. 인용된 글은 모두 「(2) '가족' 없어도 고립되지 않고 존엄하게 살 수 있는 사회」(2023.07.14.)에서 발췌했다.

[11] 용혜인 의원 등 10인, '생활동반자관계에 관한 법률안(용혜인의원 대표발의)', 제429회 국회(정기회)의안 제2212634호 중 제7조 및 제8조.(2025. 9. 3.)

실히 드러내고 있다.

‘친밀성과 생존의 결탁을 끊어야 한다.’ 대안적 가족에의 법적 상상과 우정-로맨스 연속체로서 퀴어 친밀성을 사유하려는 담론들이 ‘사회적 안정과 상호의존으로의 진입은 친밀성을 조건으로 삼는다’는 낭만적 사랑의 전제를 반복하는 모습은 내게 이러한 가르침을 주었다. 오로지 친밀성만이 사회적 상호의존을 보장할 수 있을 때, 모두의 생존을 위해서 필요한 것은 친밀성의 확장이 아니라 친밀성과 생존 사이의 급진적 단절이다. 그리고 그 이후에야 친밀성의 확대가 이제까지와는 다른 방식으로 논의될 수 있다.

우정은 상실한다
그러나 로맨스도 상실한다

내가 ‘친밀성이 ‘혼자’를 말할 수 있을까?’라는 질문 속에서 우정을 계속 소환하는 이유는 우정이 이성애적 시간의 흐름 속에서 친밀성과 관계의 중요성이 단절되는 짧은 ‘찰나’를 친밀성의 ‘내부’에서 반복적으로 체험시키기 때문이다. 우정은 몹시 친밀할 때조차 특정한 상황에서는 어떠한 자격도 없는 자리로 밀려난다. 그리고 친밀성이 일시적으로 희박해지는 그 자리에서만 우리는 낭만적 약속의 환상을 흔들어 놓을 로맨스 내부의 모순이자 상실로서 우정을 발견한다.

우정의 '어떠한 자격도 없는 자리'를 가장 강렬하게 체험할 수 있는 곳은 아마 결혼식장일 것이다. 영화 「대도시의 사랑법」은 마지막에 이르러 재희의 결혼과 흥수의 작가로서의 출발을 겹쳐 두고는 두 사람 모두의 인생 제2막을 떠들썩하게 축복한다. 걸그룹 춤을 추며 무려 신부와 '함께' 식장의 주인공이 되는 흥수의 모습은 우정을 결코 쓸쓸함의 자리에 내버려두지 않는다.

한편 같은 영화의 원작소설인 「재희」는 사무치는 쓸쓸함 속에서 재희의 결혼식을 회고하며 마무리된다("그때, 영원할 줄 알았던 재희와 나의 시절이 영영 끝나버렸다는 것을 깨달았다", "모든 아름다움이라고 명명되는 시절이 찰나에 불과하다는 것을 가르쳐준 재희는, 이제 이곳에 없다."[12]) 결혼식을 통해 안정된 삶의 시작을 암시하는 영화와 '어떤 시절'의 종말을 암시하는 소설의 관점은

[12] 박상영, 「재희」, 『대도시의 사랑법』(창비, 2019), 97쪽.

확연히 대조적이다.

두 결말 사이의 대비를 이해하기 위해 나는 사라 아메드가 『행복의 약속』에서 래드클리프 홀의 소설 『고독의 우물』(1928)을 분석하며 선택했던 "비참함의 묘사가 새로운 시작을 제시해 주는 그런 결말을 발견하려는 용감한 시도"[13]의 관점을 차용하려고 한다. 아메드는 우울한 '부치' 스티븐이 자신의 여성 연인 메리를 이성애자 남성 마틴에게 "주는 것처럼"해서 "포기"하는 결말을 '마틴에게 메리를 넘겨준 것'이 아닌 '메리에게 마틴을 준 것'으로 해석함으로써 기존의 해석과 다른 의미를 생산하려고 한다. 아메드의 해석에서 스티븐은 더 이상 여성 교환을 통해 남성이 되고자 하는 '남성성의 결핍'을 상징하지 않는다. 그는 이성애적 행복을 메리에게 증여함으로써 메리와의 이별을 '이성애가 되는 데 실패한 사랑 이야기'의 끝이 아니라 동성애적 사랑 이야기의 클라이맥스로 바꿔 놓는다.

「재희」는 이성애의 완벽한 클라이맥스라 할 수 있는 결혼식 장면을 '어떤 시절'이 종료되는 지점으로 묘

[13] 사라 아메드, 성정혜 옮김, 『행복의 약속』(후마니타스, 2021).

사함으로써 로맨스의 영원한 약속에 비밀스럽게 새겨진 상실의 존재를 폭로한다. 그것은 바로 로맨스 속에서 우정이 경험하는 상실이요, 로맨스가 경험하는 우정의 상실이다.

로맨스는 결혼과 동시에 친밀성 위계에 사회적인, '상식'적인, 무엇보다 '법적인' 최상위로 군림하며 다른 친밀한 관계의 중요성과 '가족이 될 자격'을 중심으로 하는 의존의 자격을 박탈한다. 그것이 우정이 체험하는 상실의 내용이다.

그러나 로맨스 또한 박탈하는 동시에 상실한다. 그것이 상실하는 것은 법적인 보호 밖에, 영원의 약속 밖에, 특별한 관계가 주는 특별한 자격 밖에서도 사랑과 돌봄을 지속하는 우정의 놀라운 힘이다. 우정은 제도적인 권한을 갖지 못하지만 역설적으로 제도에 의해 통제되지 않기에 로맨스의 제도적 선언 이후에도 '완전히는' 자신을 상실하지 않을 수 있다. 친밀성으로서 우정이 갖는 무력과 힘이 동시에 드러나는 이 상실의 교환 장면에서, 절대적 위계의 차이 속에서도 우정과 로맨스는 일순 동등해진다. 이 다른 것 사이의 '동등함'은 고도로 친밀한 우정 관계가 로맨스와의 '유사함'을 근거로 친밀성 간의 동등함을 가장하는 방식과는 완전히 다른 것이다.

비인격적 친밀성을 정치화하기

우정과 '혼자'가 교차하는, 친밀성이 열어지는 이 교묘한 찰나 속에서, 우정의 방식으로서의 '혼자'를 정치화한다는 것은 무엇을 의미할까? 나는 그것이 친밀성에 의존하지 않는 돌봄을 주고받는 법에 대한 훈련이라고 주장하고 싶다.

'친밀성에 의존하지 않는 돌봄'이 난해한 제안처럼 들릴 수도 있지만, 그것은 오늘날 돌봄과 관련된 거의 모든 텍스트에서 인용되는 '난잡한 돌봄' 개념의 원초적 장면에 이미 기입되어 있다. '난잡한 돌봄'은 1980년대에 에이즈가 불러온 질병과 죽음 속에서 서로를 돌본 게이 문화의 치유적 역량을 발견하는 한편, 에이즈의 원인이 된 게이들의 성적 난잡함과 베어배킹(barebacking)[14] 및 크루징(cruising)[15] 문화

[14] 콘돔 없는 성관계를 의미한다.
[15] 공공장소에서 데이트 상대를 찾는 문화를 의미한다. 이때 데이트

까지를 그것의 '파멸적' 역량으로서 깊이 수용한 결과다.[16] 관련하여 리오 버사니와 아담 필립스는 『친밀성들』에서 '비인격적인 나르시시즘'의 친밀성, 즉 인격적(personal) 친밀성이 부재하는 친밀성을 제시하기도 했다.[17] 하지만 친밀성에 의존하지 않는 돌봄을 훈련하기 위해 '난잡한' 문화에 익숙하지 않을 사람들에게까지 난데없는 '베어배킹'이나 '크루징'을 제안할 수는 없는 노릇 아닌가. 이에, 나는 일상에 무난하게 적용할 수 있을 만한 다른 종류의 비인격적 친밀성을 제안하고자 한다.

자본주의는 친밀성이 제도화된 가족이라는 단위를 통해 자기 자신을 재생산한다. 노동자는 가족과의 친밀한 시간 속에서 돌봄을 받으며 다시 일할 수 있는

는 주로 공공장소에서 낯선 사람과 성관계를 하는 것을 칭한다.

[16] 더글러스 크림프는 에세이 「전염병 중에 난잡할 수 있는 방법」에서 일부 게이 지도자들의 게이문화 비판에 대해 "우리의 난잡함이 우리를 파멸로 이끌 것이라고 주장하지만 사실은 우리의 난잡함이 우리를 구할 것"이라고 쓴 바 있다. Douglas Crimp, "How to Have Promiscuity in an Epidemic", *AIDS: Cultural Analysis/Cultural Activism*, October 43(Winter 1987), p. 253. 위의 책, 49쪽에서 재인용.

[17] Leo Bersani and Adam Phillips, *Intimacies*(New York: Farrar, Straus and Giroux, 2008), p. 95.

힘을 회복하고, 이는 자본주의를 다시 굴릴 노동력이 된다. 성차별적 가족주의는 돌봄 노동자의 역할을 가족 내 여성 구성원에게 떠넘기며 간신히 노동력을 재생산하고, 자본주의를 지탱해 왔다. 이는 마리아 미즈의 『가부장제와 자본주의』를 비롯한 수많은 페미니즘 이론들이 이미 지적해 온 바다. 그러니 성차별적 가족주의가 붕괴하면 그에 의존하는 자본주의 역시 붕괴한다.

그러나 만약 그런 식의 붕괴가 발생한다면 그건 우리가 가족을 돌보지 않았다는 이유 때문이 아니라, 가족조차 아닌 사람을 돌보았다는 이유 때문일 것이다. 국가가 가진 돌봄의 힘이 위대한 까닭은 그것이 알지 못하는, 친밀하지 않은, 사랑하지 않는 사람들까지 돌볼 수 있기 때문이다. 국가가 가진 이 돌봄의 힘을 탈취하려면 우리는 마치 가족이 제안하듯이, 사랑으로부터 서로를 보호하는 방법을 배워선 안 된다. 우리는 우리를 사랑하지 않는 사람들을 돌보고 우리가 사랑하지 않는 사람으로부터 돌봄받는 법을 배워야 한다.

우리는 택배 노동자, 청소 노동자, 요식업 종사자, 자살 예방 센터의 상담원이 친밀성이 결여된 자리에서 마치 가족처럼, 우리를 먹이고 입히며 노동력으로 재생산하고 있다는 사실을 깨달아야 한다. 가족보다 더 효율적으로 노동자를 회복시키는, 자본의 논리를 극한으로 구현한 그들과의 비인격적 만남이 이미 돌봄이며, 돌봄은 항상 지배 이데올로기에 어느 정도 오염되어 있음을 깨우쳐야 한다. 일하며 살아가는 우리들 자신이 단지 돈을 벌고 살아남기 위해서, 지극한 필요에 의해서, 때로는 원하지 않는 방식으로 이름 모를 사람들을 돌보고 그로부터 돌봄받는 방식에서 배워야 한다. 그 모든 것을 돌봄으로 간주할 수 있다면, 그들과의 관계를 '일종의' 친밀성으로 바라볼 수 있다면, 그들에게 '일종의' 우정을 품어볼 수 있다면 뭔가 바뀔까?

아마 많은 것이 바뀔 것이다.

청년이 고립되기까지

김미소

김미소　듣는연구소 연구활동가. 연세대 문화인류학과에서 「'고립'을 통치하기: 고립 청년 지원 정책의 문화기술지」로 석사 학위를 받았다. 청년의 삶이 문제화되는 방식과, 그에 응답하는 제도와 실천을 살펴보고 있다.

“고립이 어떻게
‘살아지고’ 있는지를 이해할 때,
청년들의 삶에 실질적으로 닿는
질문과 개입이
비로소 시작된다.”

고립은 한국 사회가 청년 문제를 이해하는 핵심 언어가 되었다. 사회적 관계가 거의 없거나 방 밖으로 잘 나오지 않는 '고립·은둔 청년'이 54만 명에 달한다는 사실이 언론 보도에서 반복해 인용되었고,[1] 고립과 은둔이 빠르게 사회적 쟁점으로 자리 잡았다. 올해 '쉬었음 청년'의 수가 역대 최대치를 기록했다는 뉴스도 주목받았다.[2] '쉬었음 청년'은 취업이나 구직을 하지 않고, 학업·가사·육아 등의 활동을 하지 않은 채 "그냥 쉬었다"

[1] 김향미, 「고립·은둔 청년 54만명… 10명 중 7명은 함께 살며 '외톨이'」, 《경향신문》, 2023년 12월 13일.
[2] 김수현, 「30대 '쉬었음' 31만명 역대 최대… 37개월 연속 취업 감소」, 《동아일보》, 2025년 12월 10일.

라고 답한 청년들을 가리킨다.[3] 쉬었음 청년, 니트족, 고립 청년, 은둔 청년 등의 다양한 이름으로 호명되는 이들은 도대체 누구일까?

보건복지부는 고립 청년을 "타인과의 의미 있는 사회적 관계가 부족하고, 사회 활동이 현저히 줄어든 데다 지지 체계도 부재한" 만 19~39세 청년으로 정의한다. 은둔 청년은 그중에서도 "방이나 집 등 제한된 공간에 스스로를 가두고 사회 활동을 거의 하지 않는" 이들을 말한다.[4] 이처럼 공적 지원은 한 사람이 갖는 관계망의 규모, 지지 체계의 질, 외출 빈도, 활동 여부를 지표화하고, 이를 기준으로 우선적으로 개입해야 하는 삶이 무엇인지 결정한다. 다시 말해 고립을 현재의 상태로 측정하고 분류한다. 그런데 여기에는 늘 한 가지 질문이 뒤따른다. 이들은 어떻게 고립의 상태에 도달했을까?

나는 이 질문을 품고 2024년 여름부터 약 1년간 스

[3] 안준기·김강호, 『쉬었음 청년 실태조사 연구』(한국고용정보원, 2024).

[4] 김성아·김문길·임덕영·노혜진·노현주, 『고립·은둔청년 현황과 지원방안』(한국보건사회연구원, 2023).

스스로를 고립 청년이라 일컫는 청년들을 만났다. 자신의 고립 경험을 공개적으로 이야기해 온 이들을 인터뷰하고, 고립 경험을 바탕으로 비슷한 청년들을 위한 모임을 만들거나 문화예술 활동을 하는 이들과도 교류했다. 또 고립 청년을 위한 쉼터를 운영하는 서울의 민간 단체에 연구자이자 프로그램 참여자로 몸담으며, 그 공간에 드나드는 멤버들과 함께 시간을 보냈다.

내가 만난 이들은 20대 초반부터 30대 후반까지 연령과 성별, 가족 형태는 물론 취업 여부와 경제적 상황, 외향적이거나 내향적인 성격까지 모두 달랐다. 이들과 함께 지내고 인터뷰하는 동안 나는 각자가 '고립'이라 부르는 경험의 양상과 그 상태에 이르는 경로가 크게 다르다는 사실에 놀랐다. 연구자인 나 역시 고립 청년에 대해 일정한 이미지를 전제한 채 이들을 만나고 있었음을 그 과정에서 자주 인식했다. 공통적으로 고립이라는 말을 사용했지만, 그 말 아래 쌓여 온 경험들이 가리키는 문제는 훨씬 복잡했다.

기준에 도달하지 못했다는 불안과 좌절

고립청년을 지원하는 한 민간단체에서 만난 지윤은 자신을 자주 "수동적인 사람"이라 묘사했다.[5] 하지만 나는 그 말에 동의하기가 어려웠다. 그는 집이 멀어도 매주 빠지지 않고 출석하며 프로그램이 폐지되지 않고 유지되도록 하는 모임의 핵심 멤버였다. 다른 사람들의 이야기를 기억해 그다음 주에 다시 들려주고, 모임에서 다룬 내용을 글로 정리해 오곤 했다. 성실하고 세심하고 누구보다 진심으로 마음을 쓰는 사람이었다. 그럼에도 지윤이 자신을 수동적이라고 말하는 이유는, 고등학교 졸업 이후 자신이 지나온 시간을 "회피의 연속"으로 해석하기 때문이다.

> 학창 시절은 별다를 게 없었어요. 그냥 조용하고 눈에 띄지 않는 아이였죠. 그렇다고 우울하거나, 혼자라서 고립됐다고 느낀 적도 없었어요. 근데 고3 되

[5] 이하 이 글에 등장하는 이름은 모두 가명이다.

면 이제 대학을 가야 되니까 학과를 정해야 되는데, 도대체 나는 뭘 좋아하지? 이런 게 하나도 없었거든요. 뭔가 내가 도전해 본 적도 없었고. 좀 자기 분야에 대해서 좀 탐색하고, 내가 만약에 다른 분야에 뛰어난 게 있으면 그런 거에 대해서 좀 더 알아보고 할 텐데. 저는 그런 게 없이, 그냥 아무 생각 없이 살았어서…… 거기에서 딱 막혔어요.

(2024년 6월 1일 인터뷰 중에서)

딱히 모르겠는 진로 앞에서 지윤은 부모님의 권유로 행정고시 공부를 시작했다. 스스로 원한 길은 아니었지만, 다른 선택지를 상상할 수 없던 시기였다. 공부는 뜻대로 되지 않았다. 하지만 시간이 지날수록 고시는 그만두기 더 어려운 일이 되어 갔다. 지윤은 그 이유를 "다른 사람들은 스펙을 쌓을 때 나는 공부만 했으니까…… 공부로 더 회피한 거죠."라고 설명했다. 사회로 나가는 것에 대한 두려움과 이미 뒤처졌다는 감각이 겹쳐 있는 말이다. 실제로는 다른 길을 탐색하고 도전할 만한 여유와 언어가 없는 시간이었다. 결국 그 길을 정리하는 데 8년이 걸렸다.

그렇지만 고시 공부를 그만둔 지윤은 결코 멈춰 있지 않았다. 자신에게 맞는 일을 찾기 위해 여러 가능성들을 끊임없이 시도했다. 진로 컨설팅을 적극적으로 찾아서 받고, 사무직으로 일해 보기도 했으며, 제과 제빵 학원에 다니거나 영어에 대한 관심을 살려 번역가를 준비하기도 했다. 워킹 홀리데이를 떠날 계획도 세웠다. 이처럼 다양한 분야를 탐색했지만, 어떤 계획은 스스로 판단해 그만두었고, 어떤 것들은 현실적 제약과 코로나19 팬데믹처럼 어쩔 수 없는 상황에 가로막혔다. 그 사이에도 지윤은 지지치 않고 대형마트, 잡화점, 프랜차이즈 빵집 등에서 꾸준히 일했다. 지윤은 결코 자신이 말처럼 "아무것도 안 하는" 시간을 보내지 않았지만, 이 모든 시도를 "제대로 된 직장 찾기를 피한 것"으로 해석했다. 안정적이고 사회에서 인정받는 "제대로 된 직장"에 들어가야 한다는 기준에서 좀처럼 벗어나지 못했다.

아르바이트 사이에 생기는 짧은 공백기를 지윤은 견디기 어려워했다. 그렇지만 제대로 된 직장을 얻기 위한 본격적인 준비를 시작하는 일은 두려움으로 다가왔다. 의지할 친구나 가족이 없었던 것은 아니지만, 지윤은 그 잠깐의 공백을 괴로워하며 이를 고립이라 불렀다. 지윤의 이야기는 고립을 단순히 관계의 단절이나 활력의 부재로 설명할 수 없음을 보여 준다. 그의 고립이 가리키는 것은 마음속에 자리 잡은 기준에 도달하기 위해 애쓰는 과정에서 누적된 불안, 좌절, 그리고 다시 시도할 용기를 잃게 만드는 감정에 가까웠다. 계속된 시도들을 부족한 선택으로 해석할 수밖에 없는 시간 속에서, 자신이 수동적이고 무능한 존재라는 인식은 좀처럼 바뀌지 않았다.

불안정한 노동 환경과 내 탓이라는 생각

청년들은 지윤처럼 한국 사회에서 살아가며 '바람직한 삶', '제대로 된 직장'에 대한 기준을 갖는다. 그러나 현실에서 바람직한 삶은커녕 내 일상을 최소한으로 지탱하기 위한 노력조차 좌절된다. 많은 청년들에게 일터는 성취의 공간이라기보다 생계 유지를 위해 버티지 않으면 안 되는 자리다. 그 자리마저 착취적이고 안전하지 않을 때, 고립은 개인의 선택이 아니라 구조적 귀결이 된다.

20대 후반인 이영은 대학을 졸업하고 관계가 좋지 않은 가족을 떠나 독립했던 순간을 떠올리며 환하게 웃었다. 급하게 나온 터라 수중에 돈은 없고 4평 남짓한 작은 원룸밖에 구할 수 없었지만, 그는 처음으로 자기만의 공간을 갖게 되어 행복했다고 말했다.

독립 생활을 유지하기 위해 이영은 곧바로 일을 구했다. 짧게 하는 아르바이트가 아니라 오래 할 수 있는 일을 찾아 한 작은 회사에서 영상 편집 일을 시작했다. 돌이켜보면 "쓰레기 같다"라고 표현할 만큼 열악한 환경이었다. 구체적인 이야기를 들려주지 않았지만, 여러 부당한 일들을 견디지 못하고 도망치듯 그만두었다고 했다. 이후 다시 여러 단기 일자리를 전전하던 이영은 지하철역 콜센터에서 상담원으로 일하게 되었다. 하지만 신설된 역의 콜센터에는 매뉴얼도, 응대 시스템도 제대로 갖춰져 있지 않았다. 콜센터를 운영하는 하청업체의 지침상 상담원이 전화를 먼저 끊을 수도 없었기 때문에, 이영은 악성 민원과 욕설을 무방비로 감내해야 했다. 같이 근무하는 '아저씨' 역무원들은 성희롱적 발언도 일삼았다. 그는 당시를 회상하며 이렇게 말했다.

어느 날은 사고가 났었어요. ○호선에. 정말 그때 세상 살면서 먹을 욕을 다 먹었던. 근데 나는 무슨 상황인지도 몰라. 그냥 죄송합니다, 죄송합니다, 하는데 지금 생각해도 너무 속상한데 그때 너무 힘들었던 것 같아요. 그래서 대응법을 계속 요청하는데도 나아지는 게 없었어요. 오히려 그만두라는 식으로 얘기를 하더라고요. 그래서 그만뒀어요. 더 이상 못하겠더라고. 지금 생각하면 정말 용기 있었던 행동인데, 그때는 제가 되게 이상한 사람처럼 느껴졌어요. 다들 웬만하면 버티는 사회생활을 나는 못하는구나. 일을 중단했다는 거 자체에 대한 자책이 심했어요.

(2025년 5월 20일 인터뷰 중에서)

이영은 결국 네 달 만에 콜센터 일을 그만두었다. 그 선택은 더 이상 버틸 수 없는 조건에서 밀려난 결과에 가까웠다. 그는 곧 자신이 "기초적인 사회생활조차 해내지 못하는 사람"이라고 여기게 되었고, 패배감 속에서 은둔 상태로 접어들었다. 1년 남짓한 기간 동안 그는 밤낮이 바뀐 생활을 하며 새벽에만 집 앞 편의점에 다녔다. 모아 둔 돈이 떨어졌을 때에는 보증금을 조금씩 깎아 쓰며 생계를 유지했다.

이영에게 고립은 반복적으로 자신을 소진시키고 착취하는 환경에서 더 이상 버틸 힘이 남지 않았을 때 피할 수 없이 도달한 상태다. 이는 특히 여성 청년이 노출되는 위태로운 생애 조건 속에서 맞닥뜨리는 곤경이다. 많은 여성 청년들이 저임금 감정노동에 종사하고, 그 과정에서 겪는 부당함을 토로하면 곧잘 사회 부적응자로 낙인찍힌다. 이영 또한 고통의 원인을 사회에서 찾기보다 '내가 예민해서'라고 의심하며 은둔에 이르렀다. 이는 경제적·정서적 지지가 부족한 청년 여성들이 부딪히는 구조적 문제를 개인의 결함으로 받아들이게 만드는 사회적 압력을 또렷하게 보여 준다. 고립은 이러한 압력 앞에서 이영이 택할 수밖에 없었던 삶의 방식이었다.

고립되지 않았던 적 없는 삶

어떤 이들에게 고립은 태어날 때부터 처해지는 조건이다. 이영이 부당한 일 경험을 계기로 고립으로 떠밀렸다면, 재민은 애초에 안정적인 사회적 연결망에 한 번도 접속해 본 적이 없다. 그의 삶에서 배제와 폭력은 예외적인 사건이 아니었다. 초등학교 시절부터 시작된 또래의 괴롭힘은 중학교 때 심각한 학교 폭력으로 이어졌고, 군대에서도 왕따를 당해 결국 관심병사로 지정된 뒤 조기 퇴소했다. 일련의 경험들은 30대 초반이 된 지금까지도 트라우마로 남아 그를 괴롭혔다. 붐비는 지하철에서는 숨이 막히고, 이어폰을 끼지 않으면 돌아다니기 어려울 만큼 큰 소리에 예민했다. 집 또한 안전한 공간이라기보다는 형편과 관계 모두에서 그를 압박하는 장소였다.

재민 역시 여러 일자리에 도전했지만 대부분 오래 이어지지 못했다. 그나마 일 경험을 쌓을 수 있었던 경로는 주로 국가의 지원 제도를 통한 것이었다. 내일배움카드로 컴퓨터 활용 수업을 듣고, 제과 제빵이나 전기 관련 직업 훈련을 받으며 꾸준히 취업을 시도했다. 국민취업제도를 통해 도서관 사서 보조로 인턴을 하거나, 서울시 동행일자리 사업을 통해 무단투기 단속 업무를 맡기도 했다. 그러나 난이도가 높은 직업 훈련은 취업으로 이어지지 않았고, 국가가 제공하는 일자리도 대부분 3~5개월로 단기적이었다. 딱 한 번 대형마트에서 물류 상하차 일을 2년간 했는데, 처음으로 한곳에서 오래 일한 시간이었다. 사람들과 함께 일하는 것은 늘 어려웠지만, 이곳에서는 후배 직원을 도울 만큼 일에 익숙해졌다. 재민은 그 시간을 소중하게 기억했다. 그러나 허리디스크와 족저근막염 등 몸에 이상이 생기면서 일을 그만둘 수밖에 없었다. 더 이상 몸 쓰는 일은 할 수가 없었다.

재민에게는 200만 원이 조금 넘는 빚이 있다. 가족과의 관계가 여전히 어려운 그는 집에 가기를 극도로 꺼렸고, 모텔에서 자는 일이 잦았다. 200만 원은 모텔비와 배달 음식비가 쌓여 생긴 빚이었다. 각종 서민 대출과 국가 지원 프로그램을 찾아봤지만, 연체 이력 때문에 실질적인 도움을 받을 수 없었다. 그렇다고 개인 파산을 하기에는 금액이 애매했다. 민간 고금리 대출을 알아보다 보이스피싱 사기를 당해 경찰 조사를 받기도 했다.

이런 이야기를 담담하게 들려주던 재민은 빚 이야기가 나오자 한동안 말을 잇지 못했다. 어떻게든 가족에게 상황을 털어놓고 도움을 받을 수 없느냐고 묻자, 그는 "제가 근로소득으로 갚긴 할 건데……"라며 말을 흐렸다. 걷는 걸 좋아한다기에 배달 플랫폼의 '뚜벅이' 알바를 제안해 보았지만, 이미 그는 뚜벅이 알바로는 건당 3000원밖에 벌지 못한다는 사실을 알고 있었다. 다시 길어진 침묵 끝에 그가 조용히 말했다. "근데…… 제 불찰이고 제 부주의기 때문에, 저는 괜찮아요."

재민은 어린 시절부터 사회라고 부를 만한 관계망에 안전하게 진입해 본 적이 없었다. 그 소외의 배경에는 단일한 원인으로 설명되지 않는, 개인적이면서도 사회적인 요인들이 복잡하게 얽혀 있다. 가정 내 갈등, 학교 폭력, 일터에서의 배제, 반복적으로 좌절되는 취업 시도, 짧게 끊기는 단기 노동, 도움 요청이 닿지 않는 제도, 오히려 착취로 되돌아오는 관계들까지. 이 모든 경험은 서로 연결되어 삶을 조금씩 잠식했다.

자신이 부족하다고 여기는 지윤, 스스로 예민하다고 말하는 이영과 마찬가지로 이러한 구조적 배제의 경험이 재민에게는 오롯이 '자신의 잘못'으로 이해되고 있었다. 부당한 노동 조건에서 일하고 사기당할 뻔한 상황에서도 그는 책임을 스스로에게 돌렸다. 그렇게 조용히 감당하며 넘어가는 태도는 그가 겪어 온 오랜 상처의 방향을 보여 준다. 고통스러운 경험들이 차곡차곡

쌓이며 형성된 '내가 잘못 살고 있다'는 인식이 재민에게는 곧 고립이었다.

누구에게나 찾아오는 설명할 수 없는 무기력

앞서 살펴본 사례들이 실패의 누적이나 안전하지 않은 노동 환경, 빈곤과 안전한 관계의 부재 같은 조건들 속에서 고립이 나타나는 과정을 보여 준다면, 또 다른 종류의 고립도 있다. 어떤 고립은 결핍이 아니라 성취의 언어 속에서, 관계의 부재가 아니라 끊임없는 자기관리와 노력의 압박 속에서 만들어진다.

우주는 고립 청년이라고 하면 흔히 떠올리는 이미지와는 거리가 있다. 부족함 없는 환경에서 성장했고, 부모의 지지 속에서 명문대에 진학했다. 대학에 들어와서도 다양한 활동을 하며 자신이 좋아하는 것들을 적극적으로 탐색했다. 영상 제작 동아리에 참여하고, 세계 여행을 다니고, 환경 보호 활동을 하고, 바이크를 타고 전국 일주도 다녔다. 스스로 말하길 '갓생'에 가까운 시간이었다.

그러나 그 경험들이 엄밀히 말해 취업 준비는 아니었기 때문에, 신나게 활동하고 난 뒤에는 늘 조용한 불안이 뒤따랐다. 그래서 우주는 대학원 진학을 목표로 삼고 마지막 학년을 더 열심히 보내기로 마음먹었다고 했다. 하지만 졸업을 앞둔 어느 날, 그는 갑자기 아무것도 할 수 없는 상태에 놓였다. 딱히 설명할 수 없는 무기력이었다. 도대체 이게 뭘까. 그 이유를 붙잡고 한참을 고민하다, 결국 하나의 단어에 닿게 되었다. 불면.

그는 대학 생활 내내 성실해야 하고, 잘 해내야 하고, 무엇보다도 멈추면 안 된다는 감각 속에 있었다. 노력한 만큼 성과를 얻는 편이었지만, 그럴 때마다 번아웃이 찾아와 "몸이 걸려 넘어지는 경험"을 반복했다고 회상했다. 불면과 무기력의 시간은 1년 반 가까이 이어졌다. 우주는 이 시기를 대부분 불 꺼진 방에 누운 채 스마트폰을 무한 스크롤 하며 보냈다. 그게 휴식이라 생각했지만, 사실은 더 깊은 불안에 빠지는 시간이기도 했다. SNS에는 잘 살아가는 듯한 다른 이들의 화려한 일상의 순간들이 끝없이 올라왔다.

우주는 자신의 상황을 누구에게도 털어놓을 수 없었던 것이 고립의 핵심적인 특징 같다고 말했다. 우주가 겪은 고립은 사회적 관계의 단절에서 비롯되었다기보다는, 끝없이 더 성취해야 한다는 압박 속에서 생겨난 날카로운 외로움에 가까웠다. 우주와 비슷한 이유로 자신의 어려움을 고립이라 설명하며 지원 프로그램을 찾아오는 청년들을 나는 종종 만났다. '잘 살아야 한다'는 기준을 성실하게 내면화하고, 자기 삶을 책임감 있게 꾸리려 애써 온 이들이라면 누구나 마주할 수 있는 고립의 감각이었다.

고립은 어떻게 살아지는가

청년이 스스로 고립되었다라고 말할 때 그 맥락을 살피는 일은 더 중요한 논의를 자연스럽게 촉발시킨다. 재민의 경험은 빈곤과 취약성이 어떻게 고립된 생애를 구성하는지를 드러내고, 지윤의 경험은 규범적이고 협소한 '제대로 된 삶'의 경로가 개인을 어떻게 스스로 움츠러들게 만드는지를 보여 준다. 재민과 이영이 겪은 노동 시장 속 반복된 실패는 불안정 노동이 만연한 사회구조가 고립의 중요한 기반임을 말해 주며, 우주의 경험은 좋은 삶에 대한 이상과 자기관리의 압박이 어떻게 새로운 형태의 외로움을 만들어 내는지를 묻는다.

그러므로 필요한 일은 고립이라는 증상에 머무르는 것이 아니라, 이 상태가 의미하는 삶의 여러 층위들을 다시 섬세하게 복원하는 작업일 것이다. 고립이 어떻게 '살아지고' 있는지를 이해할 때, 청년들의 삶에 실질적으로 닿는 질문과 개입이 비로소 시작된다.

남자들끼리의 대화

박성우

박성우 2016년 한남대학교 역사교육과에 입학했지만 아직 졸업하진 못했다. 2024년 생전 처음 충북 음성을 방문한 뒤 '동네가 사람이 없어 마음에 든다'는 말 한마디로 얼떨결에 음성노동인권센터 상임활동가로 일하고 있다. 일머리는 없지만 운은 좋아 최근 고용노동부장관 표창까지 받았다. 활동가들의 평생 고충인 부족한 생활비는《오마이뉴스》시민기자 원고료로 충당하고 있다. 4년 동안 800여 건의 기사를 송고했으나 여전히 기사를 쓸 때마다 어려움을 느낀다. 나름대로 읽고 나름대로 쓰는 삶을 지향한다.

“우리가 공유할 수 있는
가장 깊은 언어는, 서로에게
굳이 말을 걸지 않아도 ‘그래,
세상은 원래 이렇지. 하지만 괜찮아,
너도 그렇게 생각하는구나’ 하고
눈빛을 주고받는 침묵일지 모른다.”

아침 6시 15분에 눈을 뜬다. 정확히 말하면 눈이 떠진다. 6시에 맞춰 둔 알람은 이미 세 번째 울렸다. 스마트폰 화면은 밤새 밀려 들어온 온갖 소식들로 미어터진다. 밤새 꾼 꿈의 편린을 되새김질하며 현실을 마주한다.

10년 전만 해도 하나하나가 예외적이었던 사건들이 이제는 일상이 되어 흘러간다. 미국 국토안보부가 이민자 단속 영상에 '모두 다 잡고야 말겠어'라는 제목의 포켓몬스터 주제가를 배경음악으로 썼다는 뉴스를 보면 흡사 유머에 소질이 없는 작가가 쓴 근미래 디스토피아 소설 속 문장처럼 느껴진다. 처음엔 이런 소식들이 부담스러웠고, '오늘도 세계는 나아지지 않는구나'

하는 무력감이 아침 공기를 무겁게 만들었지만, 요즘은 오히려 마음이 홀가분하다. 인류의 미래가 별로 밝지 않다는 전망에 마음 깊이 동의해 버렸기 때문이다. 기대할 게 거의 없다는 사실이 주는 편안함은 의외로 괜찮다.

미래에 대한 기대가 사라지니 오히려 현재를 견디는 일이 쉬워졌고, 세상이 더 나빠진다고 해도 부양할 가족이 없고, 앞으로도 없을 것이라는 사실이 이상하게 마음을 진정시킨다.

책이라는 지지대

물론 세상에 기대하지 않는다고 비극이 희극으로 변하는 건 아니다. 현실의 비극은 연극의 과장된 표현들보다 훨씬 침착하고 냉혹하기에 몰입할수록 무서워진다. 두려움이 나를 잡아먹기 전에 얼른 문자의 힘을 빌린다. 외신들을 긁어다 다시 뜯어 붙이고, 문장의 온도를 조절하면 외국 한 번 나간 적 없는 사람이 쓴 국제 기사 한 건이 완성된다. 이걸로 내가 버는 돈은 1만 5000원 혹은 2000원, 그도 아니면 무급이다. 어떻게 보면 적은 돈이지만 방구석에 앉아 쓴 해외 소식으로 밥 한 끼를 해결할 수 있다는 것 자체에 만족한다. 평균을 따져 보면 기사 한 건으로 적어도 라면에 삼각김밥은 살 수 있다. 삼각김밥이 묘하게 맛있는 날도 있지만 그게 본질은 아니다. 나를 먹여 살리는 건 누군가에게 이 세계 어딘가에서는 안 좋은 일들이 끊임없이 일어난다는 나쁜 소식을 전달했다는 데서 오는 자잘한 자기만족이다.

기사를 송고하고 나면 고요한 나의 방을 응시한다. 그 고요의 결을 가르는 것은 책들이 만들어 낸 지형이다.

그 산맥은 침대 쪽으로 흘러내리다가도 책상 쪽으로 솟아오른다. 각 책에 담긴 다른 시대와 다른 언어와 다른 사유가 겹겹이 퇴적되어 이 방에 기압을 만들어 낸다. 그 누구의 서재도 내 방과 똑같은 책들로 채워지지 않는다는 명백한 사실이 나의 자존감을 높인다. 일할 때 필요한 노동법 해설집, 망설이다 구매한 철학책, SNS에서 추천받고 충동적으로 산 소설, 아직도 첫 장조차 넘기지 않은 사회과학 서적들이 수평과 수직을 무시한 채 얽혀 있으며 그 위에 먼지가 가볍게 내려앉아 책더미는 단순한 물건 더미가 아니라 사유의 지질학을 이루고 있다, 어떤 사람은 이런 광경에 정리 좀 하고 살라고 핀잔할지 모르겠지만 나는 그 말에 깔린 정리 취향을 믿지 않으며 방이 책으로 어지럽다는 것은 오히려 이 시대에 드문 종류의 자기 보존이라고 생각한다. 책이 쌓여야 사유가 쌓이고 사유가 쌓여야 고독이 무너지지 않으며 고독이 무너지지 않아야 혼자 사는 삶이 한 사람의 존엄으로 유지될 수 있다. 그러므로 내게 책더미는 읽고 난 뒤의 지식이 중요한 것이 아니다. 그것은 물성 자체로 살아남기 위한 구조물이고 벽이며 때로는 숨 막히는 세계 앞에서 잠시 몸을 기대는 지지대이자 '나는 아직 생각하는 사람이고 나는 아직 나 자신과 이 세계를 포기하지 않았다'라고 자위할 수 있는 안전한 공간이다.

텅 빈 남자들

내가 일하는 충북 음성은 제조업에 종사하는 이들이 많다. 인구가 음성군의 두 배인 옆 동네 충주시와 비교해 제조업 종사자 수는 엇비슷하지만 공장 수는 세 배나 더 많다. 그만큼 영세한 사업장이 많다는 얘기다. 전국

지자체 중 이주노동자 비율도 가장 높다. 자연히 무료로 노동법률상담을 지원하는 내 직장에는 하루가 멀다 하고 돈을 못 받고, 일하다 다치고, 사장 말 한마디에 해고당한 이들이 찾아온다. 2년 동안 월급을 모은 통장을 사장이 보이스피싱 연루 계좌로 신고해 출국을 할 수 없다는 얘기를 들으면 사람에 대한 일말의 기대마저 사라지기 마련이다.

사무실에 찾아오는 많은 이들이 나처럼 혼자 살고 혼자 버티는 남자다. 나는 법 조항을 기준으로 설명해야 하기에 상담 테이블 너머에서 기계적인 답변을 내놓을 때면 내 안에서 늘 죄책감이 꿈틀거린다. '이들이 원하는 건 법적 해석을 넘어 누군가에게 이 상황이 말이 되지 않는다고 공감받는 일 아닐까'라는 생각이 자주 든다. 이 생각을 하고도 나는 쉽게 공감의 말을 건네지 못한다. 상담 테이블 앞에서 허락된 시간은 늘 부족하고, 당장 필요한 것은 감정의 갈무리보다 체불임금 액수와 소멸시효, 진정 절차 같은 구체적인 정보다. 감정에 말을 얹는 순간 상담은 길어지고 현실적인 지원은 늦어진다. 더 솔직히 말하면, 나는 타인의 고통 앞에서 말을 고르는 능력이 그리 뛰어나지 않다. 공감을 표현하려다 어설픈 위로나 뻔하디 뻔한 제스처가 될까 봐, 차라리 법 조항이라는 방패 뒤로 숨는다. 법의 문구는 차갑지만 최소한 거짓말을 하지 않는다. 그래서 나는 '맞는 말'만을 남기고, '따뜻한 말'을 일부러 유보한다. 그것이 이 자리에서 내가 선택한, 그리고 아직은 벗어나지 못한 생존 방식이다. 그렇게 나는 다시 기계적인 언어로 돌아가고, 그 때문에 이들을 도와주기는커녕 더 고립시키는 건 아닌가 하는 의심이 따라온다. 그러다 보면 자연스레 남성들끼리의 대화에 대한 고민이 든다.

돌이켜 보면 남자들끼리의 대화라는 것이 천박함을 솔직함으로 오해하도록 학습되는 자리였다는 사실을 부인할 수 없다. 우리는 대화를 통해 상대를 이해하는 법이 아니라, 상대를 '이기는 법'을 배웠다. 어릴 적부터 남자는 자신의 고통이나 어려움을 표현하면 쉽게 징징거린다고 치부당했고, 진심을 담아 내면을 꺼내 놓는 것은 리더십이나 강인함으로 포장된 남성성을 훼손하는 행위로 간주되었다. 누가 더 냉소적인지, 누가 더 세상의 부조리를 묵묵히 견뎌 내는지를 무의식적으로 겨뤄 왔던 것이다. 남자 어른은 소년에게 대화의 롤 모델이 되지 못했다. 남성들 사이의 대화 부재는 개인의 품성 문제가 아니라 반복 학습의 결과에 가깝다. 사회학자 래윈 코넬이 말하듯 '헤게모니적 남성성'은 남성에게 감정의 절제와 경쟁적 언어를 요구해 왔다.[1] 수많은 심리학 연구들 역시 남성이 여성에 비해 감정 어휘를 사용하는 빈도가 현저히 낮다는 사실을 지적한다. 남성은 자신의 내면을 드러내는 대신 현상을 나열하고, 감정을 나누는 대신 해답에 집착한다. 그 결과 남성들 간의 대화는 삶의 경험을 공유하는 자리가 아니라, 건조한 정보를 교환하거나 누가 더 정답에 가까운지를 겨루는 각축장으로 변질되기 쉽다. 문제는 이 대화 방식이 오랜 시간 '남자다운 성숙함'으로 오인되었다는 데 있다. 감정을 말하지 않는 남자는 단단해 보이고, 고통을 농담으로 치환하는 남자는 쿨해 보인다. 그렇게 남성들 사이에서 대화는 점점 사라지고, 말은 남았으되 서로를 잇지 못하고 허공에서 흩어지는 소음으로 변한다.

이러한 대화의 부재는 남성들 사이의 공간, 즉 사

[1] 래윈 코넬, 안상욱·현민 옮김, 『남성성들』(이매진, 2013).

이(間)를 텅 비게 만들었다. 인간(人間)에서 인(人)만이 남은 존재들. 남자들은 서로에게 말을 걸 때조차 자신의 진짜 상태를 숨긴 채, 남성성이라는 갑옷이 제공하는 정해진 대본인 조롱, 냉소, 혹은 욕설만을 반복한다. 남자들의 언어는 절반쯤 부서진 상태와 같아서, 복잡한 내면의 지형을 전달하지 못한 채 오직 건조한 사실 관계나 외부의 문제만을 나열한다. 남자들은 깊은 공감을 필요로 하면서도, 동시에 그 공감을 얻기 위해 자신의 취약함을 드러내는 것을 두려워한다. 간혹 여자들의 대화를 곁에서 듣다 보면 그 대화들에서는 해결책이 서둘러 등장하지 않았다. 말하는 이의 속도를 재촉하는 기색도 없었다. "그건 네가 잘못해서가 아니야."라는 문장 하나가 오랜 침묵 뒤에 조심스럽게 놓이곤 했다. 나는 그런 대화를 직접 해 본 적은 거의 없다. 드물게 비슷한 대화를 할 수 있었던 남성은 손에 꼽을 정도였고, 그마저도 술이나 극단적으로 감정을 토로해야만 하는 상황 같은 예외적 조건이 필요했다. 그래서 남성들에게 '취약함을 드러내라'는 요구가 얼마나 막연하고 가혹한 주문인지도 안다. 그것은 지금까지 자신을 지탱해 온 말하기 방식을 부정하라는 요청에 가깝기 때문이다. 결국 남자들은 스스로 감정을 억압하고 이상향인 논리적이고 단단한 남성의 모습으로 회귀함으로써 고립을 심화시킨다. 논리적이지도 단단하지도 않지만 말이다.

한편 온라인에서는

현실에서 이러한 '사이'의 부재가 깊어질수록 그 공백을 대신하는 온라인 공간이 점점 더 거대해지고 있다는 것은 이 시대의 아이러니다. 혼자 사는 남자들은 스크린 속에서 비로소 안전한 발언권을 얻는다. 그곳에서는 자신의 고통을 외치거나 세상에 대한 불만을 터뜨려도 현실처럼 징징거린다는 비난을 받을 위험이 적다. 자신의 관점에 공감하고 동조하는 이들을 알고리즘적으로 찾아내 연결해 주는, 정교하게 짜인 확증 편향의 공명실이다.

1960년대 미국의 젊은 남성들도 페미니즘 운동에 몸서리를 쳤을 테지만 그들이 그런 불만을 나눌 공간은 기껏해야 동네 맥줏집이었고 동네 친구들과 이런저런 얘길 주고받으며 나오는 소재 중 하나였다. 그러다 그 시절 대다수가 그랬듯 결혼을 하고 아이를 낳으면 페미니즘 운동보다는 가부장으로서의 삶을 영위하는 데 신경이 몰릴 수밖에 없었다. 반면 지금의 남성들은 하루 종일 페미니즘만 씹을 동지들이 온라인 공간에 즐비하다. 디시인사이드 '실시간 베스트 갤러리', 에펨코리아의 '포텐 터짐' 게시판에는 온갖 혐오와 멸시를 추동하는 글들이 북적거리며 누구를, 무엇을 또 배제할 대상으로 삼을지를 논한다. '한녀' 전부를 이성의 범주로 봐서는 안 된다는 디씨, '스탑럴커(페미니스트 성향을 나중에 드러내는 여성을 가리키는 은어)'들을 걸러내고 연애를 해야 한다는 펨코를 동일선상에 놓으면 양쪽 이용자 모두가 분개하겠지만, 여성을 비롯한 타자를 또래 남성 집단의 논리로 재단하고, 이를 사회가 받아 주지 않는 것을 역차별로 인식한다는 점에서 디씨와 펨코는 쌍둥이 형제다.

그들이라고 해서 처음부터 디씨와 펨코의 모든 주장에 동의하진 않았을 테다. 하지만 대화가 없는 공간에서 의구심은 금방 사라지기 마련이다. 대화의 형태가 저열한 욕설이어서 대화가 없다는 것이 아니다. 그곳에는 대화를 통한 상호 작용이 부재한다. 이견이 있는 이용자의 성별과 국적, 인종(그것이 주장의 합리성과 대체 어떤 연관이 있는지는 차치하자.)은 수시로 뒤바뀐 채 조롱당한다. 이견이 없는 이들에게 주어지는 것 또한 대화가 아닌 '개추'와 '포텐'이다. 화면에 비춘 다른 '게이'와 '펨붕이'들의 클릭 수, 데이터 쪼가리에 불과한 그 알량한 동조만이 자신의 존재를 증명하는 근거다. 왜 같은 내용의 글을 썼는데 저 새끼는 '념글'에 가고 나는 못 갔느냐며 정체불명의 단톡방이 '념글'을 조직적으로 조작하고 있다는 음모론을 심심찮게 마주하곤 한다.

진정한 대화가 타인과의 긴장과 합의를 통해 자신의 세계관을 구축하면서 동시에 확장하는 과정이라면, 온라인에서의 동조는 누군가의 세계관을 그가 실재하는 세계와도 동떨어진 이세계로 만들어 버린다. 특히 혼자 사는 남자들은 대개 제대로 된 대화를 배운 적도, 그에 대해 고민한 적도 드물기에 온라인 공간이 제공하는 싸구려 동조에 더욱 천착한다. 결국 이들이 당도한 이세계는 현실의 문제를 해결해 주는 구원처가 아니라, 현실과의 괴리를 더욱 심화시키는 격리 수용소에 가깝다. 스크린 밖으로 고개를 돌리면 마주하게 되는 것은 여전히 차가운 고립과 이해받지 못하는 자신뿐이지만, 그럴수록 이들은 다시 스마트폰의 푸른 빛 속으로 침잠

한다. 그곳에서는 복잡한 사회적 맥락이나 타인의 고통을 이해하려는 피로한 노력이 필요치 않다. 파편화된 개인들이 모여 형성한 이 거대한 심연은 더 이상 루저들의 넋두리에 머물지 않는다. 이들은 자신들의 소외를 사회적 정의의 붕괴로 치환하고, 집단적인 분노를 통해 존재감을 과시하려 든다. 대화를 해 본 적 없는 혼자 사는 남자들은 이제 타인의 안전을 위협하는 비수가 되어 돌아오고, 그들끼리의 사이는 그 어느 때보다 돈독하면서도 떨어져 있다.

침묵의 대화법

나는 이 모든 비관의 토대 위에서 진정한 사이의 가능성을 발견하려 한다. 내가 아침에 눈을 뜰 때마다 세상의 비극적 소식들에 대해 '인류의 미래가 별로 밝지 않다'는 전망에 완전히 동의하는 이들은 나만이 아닐 것이다. 이 사회의 수많은 독방에서 홀로 버티고 있는 남자들 역시 이 예측 불가능하고 냉혹한 세계에 대해 비슷한 결론을 내렸을 가능성이 높다. 이 공유된 비관이야말로 그 어떤 거짓된 희망이나 의무적인 공감보다 더 솔직하고 견고한 연대의 기반이 될 수 있다.

이미 오랜 기간 대화를 상실한 채 홀로 살아온 남성들 간에서 진정한 사이는 반드시 뜨거운 감정의 교류를 통해서만 성립되는 것은 아닐지도 모른다. 우리가 공유할 수 있는 가장 깊은 언어는, 서로에게 굳이 말을 걸지 않아도 '그래, 세상은 원래 이렇지. 하지만 괜찮아, 너도 그렇게 생각하는구나' 하고 눈빛을 주고받는 침묵일지 모른다.

이 지점에서 '침묵'을 대안으로 제시하면 의당 반박이 뒤따른다. "대화를 못하는 남자들에게 대화법을 익히라는 선택지는 기각된 것인가?" "말하기 능력이 자원인 현실을 외면하는 것 아닌가?" 하는 의문들이다. 이 질문들은 모두 타당하다. 나 역시 말을 잘하고 싶다는 욕망을 내려놓은 적은 없다. 공적인 회의 자리에서든 사적인 갈등 상황에서든 "조금만 더 잘 말했더라면" 하고 곱씹은 순간도 적지 않다. 다만 문제는 우리가 배워 온 '말 잘하기'의 내용이다. 남성들에게 말하기란 대체로 자신의 정당성을 입증하거나, 상대를 설득하거나, 최소한 논쟁에서 지지 않는 기술이다. 말은 관계를 잇는 도구라기보다 경쟁의 무기, 감정을 전달하는 언어라

기보다 판단과 결론을 앞세우는 장치다. 그런 맥락에서 침묵은 대화의 포기가 아니라, 그동안 너무 쉽게 자동으로 실행되어 왔던 경쟁 규칙을 잠시 중단하는 행위에 가깝다. 대화를 배우기 이전에, 남성들의 언어가 작동해 온 방식 자체를 의심해 보자는 제안이다. 그 빈약함을 자인하는 침묵이야말로 남성들 간 새로운 관계 형성의 밑거름이다.

또 하나의 예상되는 반박은 비관과 냉소의 구분에 관한 것이다. "그래, 세상은 엉망이야"라는 비관이 과연 관용이나 연대로 이어질 수 있느냐는 의문이다. 실제로 이 문장은 자칫하면 체념이나 자기 연민, 혹은 타인을 기피하는 냉소로 빠지기 쉽다. 이 둘을 가르는 것은 태도의 방향이다. 냉소가 세계를 평가하고 타인을 재단하는 태도라면, 내가 말하는 비관은 판단을 유보한 채 현실을 인정하는 태도에 가깝다. 냉소는 '그러니까 너도 별수 없지'라고 말하지만, 비관은 '너만 그런 건 아니다'라는 전제를 깔고 있다. 이 미묘한 차이는 말의 내용보다 말이 놓이는 자세에서 드러난다.

그렇기에 비관이 냉소로 기울지 않기 위해서는 더더욱 침묵이 필요하다. 아무 말도 하지 않겠다는 무책

임한 회피가 아닌, 말을 보류함으로써 타인을 단정하지 않겠다는 적극적인 선택으로서의 침묵, 연대를 성급한 언어로 오염시키지 않고 상대의 감정을 나의 언어로 점유하는 걸 거부하기 위한 침묵, 희망을 강요하지도 해결책을 제시하지도 않으면서 서로의 긴장을 낮추는 침묵. 그런 침묵이 남성들에게 절실하다.

앞서 말한 형태의 침묵이 가능할까? 우리는 흔히 현실에서 상대의 현존이 부담스럽기에, 쓸데없는 말들로 공백을 채워 왔다. 침묵을 견디지 못해 던지는 농담, 조언, 평가, 혹은 자기 과시가 얼마나 많은지를 떠올려 보면 그렇다. 거꾸로 생각해 보면 그렇기에 침묵이야말로 친밀함의 결과가 아닌 친밀함을 향해 내딛는 가장 작은 첫걸음으로 작용할 수 있다. 상대의 고립을 즉각 해소하려 들지 않고, 그의 생존 방식을 섣불리 해체하지 않겠다는 고도의 절제다. 나의 책더미든, 그의 온라인 커뮤니티든, 혹은 각자의 고요한 방이든, 그 구조물들을 당장 무너뜨리지 않겠다는 선택이다. 그렇게 침묵이 반복될 때, 말은 다시 경쟁이 아니라 관계의 언어로 돌아올 가능성을 얻는다. 그제야 '무엇을 말할 것인가'가 아니라 '어떤 자세로 말할 것인가'를 고민할 수 있게 된다.

그 고민이 주는 여백 속에서 침묵은 서툴지만 조심스러운 말 한마디로 조금씩 나아간다. 그 한마디에 답변 대신 다시 침묵이 자리할 수도 있다. 그런 느린 호흡 속에서 혼자 사는 남자들은 대화가 주는 기쁨이 무엇인지 조금씩 알아 가기 시작할 것이다. 그것만으로 이 세상은 충분히 변화하리라 믿어 의심치 않는다. 이 시대가 부여한 비관을 나처럼 매일 마주하는 남성들이 서로의 침묵 속에서 안온함을 찾고 공존의 언어를 발굴할 수 있기를, 그리고 그들의 방과 나의 방을 지탱하는 비관의 벽이 서로에게 아주 미세하게나마 기대는 구조물이 되기를 희망한다. 이 희망은 비관 위에 핀 아주 작지만 견고한 낙관이다.

“나는 비스듬히”

: 시인 알리크 리빈과 러우전쟁

이종현

이종현　　경북대 노어노문학과 조교수. 서교인문사회연구실 회원. 서울대 노어노문학과에서 공부하고, 러우전쟁이 일어난 지 두 달 뒤인 2022년 4월 모스크바의 러시아국립인문대학교에서 20세기 러시아 서정시 이론을 다룬 논문으로 박사 학위를 받고 귀국했다. 웹진《인-무브》에 20세기 러시아 시를 소개하는 '러시아 현대시 읽기'를 연재했으며 옮긴 책으로 마리나 츠베타예바의 『끝의 시』, LGBT 세계시선집 『우리가 키스하게 놔둬요』(공역), 미하일 쿠즈민의 『날개』, 이반 투르게네프의 『사냥꾼의 수기』가 있다.

“오른쪽에 시체, 왼쪽에도 시체
위에는 까마귀, 나는 비스듬히”

2022년 2월 24일 러시아의 '특수군사작전'이 실행되어 러시아군이 우크라이나의 수도 키이우에 진입했다. 전쟁이 발발한 지 만 4년이 되어 가는 지금에도 그 끝은 가늠하기 어렵다. 이 사건에 대응하기라도 하듯 러시아와 우크라이나의 시인들은 경쟁적으로 공동 시선집을 출간했다. 우선 전쟁을 반대하는 432명의 러시아어권 시인들은 그해 가을에 '최근의 시(Поэзия последнего времени)'라는 제목의 576쪽짜리 시선집을 냈다. 다음 해 이에 질세라 25명의 러시아 및 도네츠크 출신 시인들은 408쪽에 달하는 시선집 『러시아 여름의 시(ПоэZия русского лета)』를 선보였다. 그러는 사이 59명의 우크라이나 시인들 또한 500여 쪽에 달하는 지면에 시를 모아 『사이렌 사이로. 전쟁의 새로운 시들(Поміж сирен. Нові вірші війни)』을 출간했다. 그야말로 전쟁을 지지하는 쪽이든, 반대하는 쪽이든 서로를 향해 말 그대로 시구를 쏘아댔다. 여기에 해외의 슬라브 및 유라시아 지역 관련 연구자들 역시 양편으로 나뉘어 격론을 벌이거나 갈등을 피하려 애써 말조심하고 있다.

그런데 사실 2022년 6월 러시아에서는 그 무엇보다도 기념되어야 할 출판 사건이 있었다. 바로 시인 알리크 리빈의 시선집 『거대한 전쟁이 온다(Вот придет война большая)』가 출간된 것이다. 이 일을 특기해야 할 까닭은 두 가지다. 첫째, 리빈은 민스크에서 태어나 레닌그라드에서 죽은 것으로 알려져 있으나 생몰연도가 확실하지 않을 정도로 철저히 베일에 싸인 인물이다. 1941년 혹은 42년, 독일군이 레닌그라드를 봉쇄했을 때 극도의 기아 속에서 홀로 죽은 것으로 추정될 뿐이다. 그는 그 어떤 지면에도 자신의 시를 공개하지 않았고, 공장에서 일하다가 손가락 몇 개를 잃은 손에 연필이나 색연필을 끼워 시를 썼을 뿐이다. 시를 적은 종이를 친구들에게 보여 주거나 주기도 했지만 어떤 명성이나 칭찬을 들으려 한 것이 아니라 특별한 날에 줄 선물이 뭔가를 끄적인 종이 쪼가리 말고는 딱히 없었기 때문이다. 그도 그럴 것이 그는 특정한 직장에서 일을 하지 않았고, 생계를 위해서는 길고양이나 들개를 잡아 생물학 연구소에 실험용으로 팔곤 했다. 그의 사진은 한 장도 남아 있지 않고, 비스듬히 벽에 기대어 앉은 모습을 그린 스케치가 그의 유일한 잔영이다.

거대한 전쟁이 온다

존재 그 자체로 수수께끼였던 시인의 책이 세상에 나온 것이 엄청난 일이라고는 하나 전쟁, 아니 '특수군사작전'이 한창인 가운데 과거의 문학이 다 무엇이란 말인가? 러시아군이 '작전'을 개시한 뒤로 전쟁이라는 단어는 한동안 금지되었다. 사람들은 '전쟁 반대(Нет войне, 네트 바이네)' 대신 별표를 이용해 'Нет в****'라고 낙서하고 다녔다. 경찰이 이 별표가 사실 전쟁을 뜻하는 것이 아니냐고 따져 물으면 철자의 개수가 같은 '잉어(вобла, 보블라)'라고 받아치자는 밈이 유행했다. 한술 더 떠 톨스토이의 소설 『전쟁과 평화』는 '잉어와 평화'라고 부르자는 밈도 등장했는데, 이 책의 표지에는 인물들 대신 잉어들이 무도회를 즐기고 있다. 이런 상황에서 전쟁이라는 단어가 대놓고 제목에 나오는 책은 많은 것을 함축했다.

이것이 바로 『거대한 전쟁이 온다』의 출간을 특기할 두 번째 이유다. 물론 리빈이 가리킨 것은 현재의 전쟁이 아니라 제2차 세계대전이긴 했지만 말이다. 리빈의 책 출간이 지닐 수 있는 폭넓은 의미망을 펼쳐 보이기라도 하듯 '행간(Между строк)'이라는 서정시 전문 팟캐스트는 그의 시선집과 그 대표작을 소개하며 제2차 세계대전에 바쳐진 애국적인 시들과 비교하기도 했다. 다음은 그가 '거대한 전쟁'을 예감하며 1939년에 쓴 시 전문이다.

거대한 전쟁이 온다,
우리는 지하실로 기어들자.
정적과 영혼을 뒤섞으며
우리는 발라당 바닥에 눕자.

손이 없는 나는
녀석들과 남을 운명.

폭탄이 빗발쳐도 비틀거리며
뉴스 영화 보러 가야지.

밀룐카 거리를 떠돌며
핑거푸드 먹듯 공짜로 처먹던 자,
우리는 아직도 어린이들,
영락없는 얄개들.

찻잎처럼 세월이 휘몰아 오른다,
죽음이 바닥에서 솟을 것이다,
나와 같이 너도 자연의 아이,
참으로 자연처럼 태평하구나.

너른 들판에 키 큰 백양나무야,
너는 전쟁에 대해 무엇을 아느냐?
우리 모두의 피로 물든
너는 베어져 땅에 나뒹구는구나.

너른 들판, 네 이마에
총알이 입을 맞추겠지,

바람은 총알의 죄 사해 달라 빌고,
공중의 사제는 장송곡을 부르겠지.

너의 죽은 몸 벌써 관에 뉘었구나,
오, 죽은 자들은 깨우지 않을래,
지하실에 갇힌 것이 두려울 뿐
나는 아직 살아 있다.

세바, 세바, 사랑스러운 세바,
버릇없는 돼지 녀석……
오른쪽에 시체, 왼쪽에도 시체
위에는 까마귀, 나는 비스듬히.

이 시에서 리빈은 미래에 있을 레닌그라드 봉쇄를 예견하는 듯하다. 레닌그라드의 밀리온나야(밀룐카) 거리(소련 시절에는 '할투린 거리'라고 불렸다.), 공습을 피하는 지하대피소, 관 속에 누워 있는 시체들이 그렇다. 여기에 천진난만한 "어린이들", "얄개들"의 모티프와 자연의 형상들이 겹치는 가운데 대뜸 알 수 없는 소리를 외친다. "세바, 세바, 사랑스러운 세바,/ 버릇없는 돼지

녀석……”. 세바는 그의 친구인 화가 프세볼로트 카라차롭스키를 가리킨다고 하는데, 사실 이것은 돼지를 뜻하는 ‘스비니야(свинья)’와 세바라는 애칭의 소리가 비슷한 데서 비롯된 말놀이에 지나지 않는다. 여러 판본으로 남아 있는 그의 시들에서 이런 의미 없는 말놀이는 상수에 가깝다. “지하실에 갇힌 것이” 두렵기는 하나 여전히 “살아 있는” 한 장난꾸러기 아이처럼 익살을 부려 보겠다는 것이다. 그리고 시는 사방에 시체가 즐비한 끔찍한 장면으로 마무리된다.

여기서 전쟁에 대한 리빈의 태도는 분명하다. 전쟁은 무수한 시체들을 가져온다. 전쟁은 곧 죽음이다. 그렇다면 시의 의미는 반전으로 수렴되는 것일까? 무정부 평화주의로 곧장 이어진다고 말할 수 있을까? 그가 1941년 루마니아 전선에 통역가로 투입되기를 희망했으나 손가락이 없다는 이유로 징집 거부되었다는 사실 때문에 선뜻 답하기 어려워진다. (시에서도 유사한 구절이 나온다. “손이 없는 나는/ 녀석들과 남을 운명.”) 그렇다면 선불리 이 시에 ‘전쟁 반대’의 꼬리표를 붙여 2022년의 상황을 구성하는 어느 한 진영으로 편입시킬 수 없게 된다. 이제 남은 길은 리빈의 시가 열고 있는 제3의 공간을 찾는 것이다.

그 공간은 시에서 유일하게 방향을 가리키는 표현이 나오는 마지막 두 행에서 찾을 수 있다. “오른쪽에 시체, 왼쪽에도 시체/ 위에는 까마귀, 나는 비스듬히.” 죽은 몸뚱이들이 뒹구는 공터가 연상되고, “나”는 이 공터에 남겨져 있다. 시체들은 전쟁에서 싸웠던 전사였을 수도 있고, 후방에 머물던 민간인이었을 수도 있다. 그러나 죽음의 지표가 되는 “까마귀”는 모두의 위에서 날아다니며 이 죽은 몸들의 성격을 죽음으로 통분하기에 그들의 정체를 구분하는 일은 중요하지 않다. 이처럼 간결해진 죽음의 공간에서 산 자는 “까마귀”와 “나” 뿐이다. 이때, “나”의 위치는 여러 점에서 애매하다. “오른쪽”과 “왼쪽”의 대비에 이어 비슷한 구조로 “위”가 제시된 까닭에 시의 독자는 “아래”를 기대하게 된다. 그리고 당연히 이 “아래”에는 “시체들”이 존재한다. 하지만 리빈은 “아래”가 아니라 “비스듬히” 존재한다. 상하좌우로 정리되는 공간이 아니라 그 어떤 방위에 명확히 배정된 것도 아니고 속하지 않은 것도 아닌 채 걸쳐 있다. “비스듬히”라고 옮긴 단어 сбоку(즈보쿠)는 직역하자면 ‘옆구리 쪽에’ 정도가 될 것이다. 리빈은 삶의 옆구리에도, 죽음의 옆구리에도 기대어 비틀거리며 “지하실”로 걸어 들어간다. 하지만 그의 옆구리에는 아무도 보이지 않는다. “우리”로 시작된 시가 “나” 혼자로 끝나기 때문이다.

비스듬히, 사이를 비집고, 혼자

이렇게 리빈은 어느 진영에도 포섭되지 않고 삶과 죽음 사이의 공간에 비스듬히 틈을 내어 혼자서 그곳으로 걸어 들어간다. 시체가 발견되지 않았으니, ‘그는 죽었다’고 단언할 수도 없다. 어디서 살고 있는지 알 수 없으므로 그가 살아 있다고 말할 수도 없다. 그는 전쟁이 가져오는 죽음의 무게에 스러지지 않은 채 비스듬한 자세로 그 압력을 온몸으로 느끼고 있을 뿐이다. 이 압력은 리빈처럼 혼자서 느낄 수밖에 없다. 전쟁을 지지한다면 애국시민들과 열정을 나누게 되는 탓에 죽음에는 눈을 감게 된다. 전쟁을 규탄한다면 전쟁을 수행하는 측에 대한 윤리적 비판에 몰두하느라 어느새 말과 논리에 갇히게 되어 죽음에는 소홀히 하게 된다. 리빈은 세계대전의 벽두에서 어느 한쪽을 택하지 않은 채 죽음의 공포와 불안을 홀로 느낀다.

그가 그럴 수 있었던 까닭은 그는 이미 전쟁 이전에도 철저하게 혼자였기 때문이다. 사람들과 얽혀야 하는 일상을 철저히 거부한 채 기인의 삶을 살았기 때문이다. 그가 주변 지인들에게 나타나는 경우는 시를 읽어 주고 밥을 얻어먹을 때뿐이었고, 구겨진 공책들만 쌓여 있는 그의 헛간에서 나와 난로의 불빛을 좀 쬐고 싶을 때뿐이었다. 그래도 그는 새로운 사람을 만나면 다음과 같이 자기소개를 번듯하게 했다고 한다. 알리크 데르 미시기네르(Алик дер мишигинер). 알리크는 그의 이름 알렉산드르의 애칭이고, 미시기네르는 광인을 뜻하는 이디쉬어 meshugener에서 온 슬랭이며, 데르는 독일어 정관사 der를 러시아어로 음차한 것이다. 그는 언어에서도 비스듬한 운동을 한다. 공식적인 본명으로 불리기를 거부하고, 불화하는 독일어와 유대적 특성을 서로 비스듬히 걸쳐 놓는다. 그렇게 '미치광이 리빈'은 1930년대 소비에트 사회에서 오롯이 홀로 남았고, 체제와 반체제 사이를 비집고 들어갔다.

하지만 모두가 리빈처럼 할 수 있는 것은 아니다. 나는 이것을 올해 초와 가을, 두 차례 모스크바를 방문

하면서 서로 다른 방식으로 뼈저리게 느꼈다. 우선 첫 번째 방문 때의 일이다. 셰레메티예보 공항에 도착하자 러시아의 비우호국가 국민인 나는 여권을 빼앗긴 채 여덟 시간을 기다려야 했다. 나의 신원을 조회해야 한다는 명목이었다. 리빈이 보여 준 '비스듬히'의 능력이 있었다면 나도 대한민국 국적에서 한발 물러나 러우전쟁이 가져온 죽음의 불안을 고스란히 느낄 수 있었을 것이다. 그리고 커다란 공항에 사선의 틈을 그은 채 사라져 버렸을 수도 있다. 그러나 국적 때문에 자동으로 잠재적 반러 분자로 분류된 나는 러시아도 아니고, 러시아가 아닌 것도 아닌 경계 지대에 나동그라져 있을 수밖에 없었다.

두 번째 방문에서는 모든 것이 순조로웠다. 찾는 곳마다 나를 반겨 주었고 따뜻하게 대해 주었다. 단, 그것에 대해서 말하지 않는다는 조건에서. 그것에 대해서 말할 수 있는 친구들은 예전과 같은 모습이 아니었다. 누구는 트빌리시로 떠나 지내다가 다시 베오그라드로 이주했고, 누구는 '작전'을 예찬하는 상사를 견디기 어려워 직장을 그만두었으며, 그것을 그토록 규탄하던 누구는 입조심하며 일상을 영위하고 있었다. 사회는 공개적 슬픔과 불안을 허용하지 않았다. 러시아에 남은 사람들 가운데 전쟁이 가져오는 죽음을 슬퍼하고자 하는 이들은 아무에게도 알리지 않은 채 자신만의 영역에서 홀로 '비스듬히' 살아가고 있었다. 가족과 동료에게도 그것에 대한 울분과 비애를 표현하지 못하는 평범한 사람들은 사회의 정확한 좌표에 정박하지 못한 채 혼자서 애도하고 있었다.

2022년 이후 도래한 러시아의 새로운 삶과 리빈의 시선집 출간이 동시대적이라는 것은 어쩌면 단순한 우연일 수도 있다. 그러나 출간되지 얼마 안 되어 그의 책이 모두 절판된 사실은 징후적이다. 그의 책을 산 사람들은 말할 수 없는 그것을 시가 대신 발설해 준다는 효용을 얻었을 것이고, 혼자서나마 제3의 공간을 찾는 법을 애써 배우고 있을 것이다. 1941년 6월 22일 히틀러가 소비에트 연방을 침공한 날에 쓰였다고 전해지는 리빈의 짧은 시는 이렇다.

경보에서 경보로 허우적거리며.
조용히 구덩이에 산 채로 앉아 있으라.
기억하라: 히틀러는 한 시간짜리 기사(騎士).

그러나 이 한 시간은 앞으로 영영.

여기서 모든 명령형은 2인칭 단수형으로 쓰였다. 저마다의 '혼자들'이 살아 있기를 빌어본다. 이 시간이 영원히 지속된다고 하더라도 언젠가 이 혼자들이 서로를 발견할 수 있기를.

나는 나를 나눌 수 있을까?

홍성훈

홍성훈　　서울대 기계항공공학부를 빠르게 졸업했고 현재 같은 대학 인류학과에서 박사학위 논문을 느리게 쓰고 있다. 한때 홍대에서 디제이로 살았다.

"홍대는 언제나 젊지만
나는 언제나 젊을 수 없다.
그렇게 동네와 사람이
시간을 따로 쓰다 보니
오늘 나만 대뜸 젊은 늙은이로
나뉘고 말았다."

과기

손바닥 크기로 만든 전화기 하나에 우주 네트워크를 예쁘게 집어넣었다. 컴퓨터 기술이 반도체 산업을 문화로 혁명한 그해. 돌이켜 보니 인류가 지구 안팎에서 경험하지 못한 신세계가 그때 정말로 창조되었다. 서기(西紀) 2007년. 과학기술 역사를 통틀어 가장 파괴적으로 인류의 습관을 혁신했다고 들었다. 그렇다면 이 놀라운 해를 기리는 연호도 이제는 달리 불러야 마땅하지 않을까? 창조주가 베어 물기 좋아했다고 널리 알려진 사과를 반으로 쪼개 접시에 담아 보면 어떨까? 사? 과? 과를 고르면 어떨까? 왜 몰랐을까? 과일과 과학기술을 한

꺼번에 기념할 수 있구나. 둘 중 하나뿐인 선택을 망설일 필요가 손바닥 안으로 딱 사라진다.

과기(果紀) 1년. 갓 시작이라 세상을 선과 악으로 갈라놓을 유혹의 과일이 맺힐 새 없다. 서두를 이유가 없었다. 이 새로운 시스템 안에서 진화를 거듭할 인간의 육체가 머리어깨무릎발무릎발 구부러질 것 같았다. 다행일까. 대세에 무심한 선택이 희귀한 취향으로 존중받던 시절이었다. 낡은 전화기 한 대로 시스템과 별 탈 없이 어울려 놀고 있는 줄 알았다. 하지만 011 더하기 일곱 자리 전화번호로 얽힌 2세대 이동 통신을 뒷받침하는 과학기술 네트워크가 기둥부터 차근차근 사라지고 있었다.

과기가 이룩한 혁명을 별 생각 없이 비켜난 햇수가 열셋을 넘어선 즈음. 서기 2020년 어느 날. 언제나 혁신하느라 바쁜 자본 시장은 느긋한 소수자의 선택을 건강한 시스템의 예외로 허락하지 않았다. 똑, 똑, 똑, 등기우편입니다. 그저 단순한 삶이 좋을 뿐인 소비자의 외딴 지각 하나가 고작 가전제품 따위 하나를 볼모로 벌이는 저항에서 몽니까지 갖가지 오해로 쪼개지는 까닭은 무엇일까? 고객님을 노동으로 모시는 감정 없는 목소리는 정중하게 여러 번 정교하게 여러 채널로 이제 그만 새로운 시스템 안으로 들어오시는 결단이 우리 모두에게 좋고 좋은 일이지 않겠느냐고 재촉했다. 이미 안에 있는데요? 아니요. 밖에 계십니다. 그래요? 네. 인프라가 곧 사라집니다. 그랬군요. 어쩔 수 없이 미안한 거래의 보상으로 새로운 가전제품 꾸러미를 선물받고 며칠이 지났을까. 기계를 맞댄 얼굴이 매끄러워 적응하는 데 하루도 채 걸리지 않는 모바일 컴퓨터 화면에 붕붕 떠오른 낯선 전화번호가 마치 터치를 기다렸다는 듯이 나를 찾았다.

홍대 생음악

수화기 너머 혼자 신이 난 말발은 새로 제작할 인터넷 생방송을 설명하고 있다. 젊은 꿈이 부풀어 오른다. 홍대 생음악을 공간 따라 기록하고 싶습니다. 왠지 알 수 없지만 나도 따라 궁금증이 부풀어 오른다. 홍대 생음악이요? 바야흐로 전 세계 음악이 오디오 스트리밍 서비스를 통해 전자기기에 제각각 흐르는 와중에도 여전히 홍대 곳곳 지하에서는 드럼, 베이스, 기타를 들고 울

부짖거나 디제이가 트는 음악에 미쳐 춤추는 젊은이들이 있잖아요. 나는 연주자라 잘났고 너는 관객이라 못났고 뭐 그런 거 나눌 거 없이 내장 꺼내 놓고 놀 수 있는 공간이 서울에서는 죄다 홍대에 모여 있으니까. 저희가 생각할 때 여기는 찐하다 그래서 좀 오래오래 찐했으면 좋겠다 싶은 공간 몇 군데를 나름 골라 봤고 또 공간마다 스타일이 워낙 다르니까 그 느낌을 어떻게 영상으로 담아 볼까 막 고민하다가 인터넷 생방송으로 먼저 그 공간 색깔이 드러나는 음악을 소개하고 그런 다음 그 공간에 대한 사람들 이야기까지 다시 편집해서 인터넷에 공개하려는 기획입니다. 와. 멋있네요. 아. 그런데 제가 인터넷을 잘 안 하는데요. 네. 익히 들어 알고 있습니다. 그치만 늘 하시던 대로 그냥 있는 그대로 하시는 게 중요해서 인터넷은 상관없습니다. 아. 그런가요. 네. 그렇습니다. 길지 않은 대화는 설득의 궤도를 일찍이 벗어났다. 하지만 하나도 낯설지 않았다. 괜한 말을 더하지 않아도 무슨 말인지 알아들을 수 있었다.

젊은 젊은이 몇몇이 기획한 인터넷 생방송은 일주일마다 공간 하나씩 총 여덟 편을 단발로 제작해 송출하는 빠듯한 일정이었다. 그렇게 부풀어 오른 꿈속에서 나는 귀한 옛날 음반을 손으로 직접 다루는 젊은 늙은이 역할로 확정된 상태였다. 젊은 젊은이들은 서울시 마포구 연남동 뒷골목을 젊은 음악으로 주름잡고 있었고 나는 서울시 마포구 서교동 뒷골목에서 늙은 음악과 함께 주름이 깊어지고 있었다. 서교동이 젊은 음악으로 한창 젊었던 시절 연남동은 아직 음악으로 태어나지 않았다. 모아 봐야 얼마 되지 않는 동네 음악 질량이 그 사이 그 모양으로 갈라질지 누가 알았을까? 서울 지하철 2호선 홍대입구역을 남북으로 아우르는 서교동과 연남동이 홍대라는 예술 껍데기로 함께 거듭나 멋이 좋은 뭇 젊은이를 끌어들이고 있었다.

전화로 촬영을 약속한 날. 익숙한 서교동 뒷골목을 낯설게 걷다 문득 지나간 시간을 헤아렸다. 2009년. 큼직한 나무 그늘 아래 걷는 기분이 조용한 언덕 골목 지하에 생음악이 샘솟았다. 곱창전골. 현대 지성사를 통틀어 가장 혁명적인 인식의 전환을 어쩌다 감각으로 깨친 가게. 기호는 껍데기 달린 구조[1]일 뿐이니 곱창전

[1] Ferdinand de Saussure, *Course in General Linguistics*, translated by Roy Harris(Chicago: Open Court, 2009), pp. 65~70.

골에서 곱창전골을 팔 까닭이 꼭 있을 필요가 없다. 곱창전골은 작지만 모자람 없는 음악 술집으로 유명했다. 병맥주나 병소주에 간단한 안주를 섞어 마시다 듣고 싶은 노래를 종이에 적어 슬쩍 건네면 눈앞에 서 있는 진짜 사람이 진짜 턴테이블에 진짜 판을 걸어 진짜로 틀어 줬다. 수다는 덤. 꾸러기 주인장의 잡다한 음악 지식이 술안주보다 맛있는 서비스로 아낌없이 흩뿌리는 곳이었다.

홍익대학교 앞 클럽 골목에서 외국 음악 트는 디제이 꼬마로 동네를 오가다 처음 발을 들였다. 생맥주보다 생음악으로 술집을 적시고 있던 사람들은 모두 나보다 나이가 많았던 것 같다. 그래 봐야 한창 젊은 동네 사람들이었다. 나 빼고 모두 아는 것 같은 한국 노래를 따라 부르다 제멋대로 일어나 춤추고 노는 광경이 무척 신기했다. 나는 그때 이문세를 몰랐다. 변진섭도 몰랐다. 김완선을 틀어 놓고 리듬 속에 그 춤을 추며 신들린 듯 노는 사람들에게 진짜로 잡신이 내려온 것 같아서 충격이었다. 내가 힙합 디제이로 깔짝거리던 댄스 클럽들과 영혼의 깊이가 달랐다. 그러다 한대수가 나오고 김민기가 나오고 한영애가 나오고 산울림이 나오고 신

중현이 나왔다. 물 좀 주소. 그러면 또 그 흐름대로 노는 속도를 줄였다 늘렸다 알아서 조율할 줄 아는 사람들이 모여 물 대신 술을 마시고 있었다.

홍대에서 가장 찐하게 음악을 맛볼 수 있는 괴상한 술집이었다. 주인장 스스로 젊은 지성들의 쉼터라 우겼다. 건너편 1층에서 월세 때문에 쫓겨나 지금 이곳 지하로 옮겨 들어올 때 나는 가장 젊은 디제이로 합류했다. 1층에 오붓하게 앉아 놀 수 있을 때보다 자유롭게 춤출 수 있도록 가운데 공간을 키웠다. 한국 음악만 가지고 동네에서 제대로 놀아 볼 요량이었다. 한국이지만 한국 음악을 틀지도 듣지도 않던 동네였다. 입소문이 나고 쉼터가 놀이터로 점점 부풀어 올랐다. 몇 년 동안 아낌없이 흥했다. 뜬소문이 동네 바깥 사람까지 마구 끌어들였다. 줄이 생기면 사람들은 줄을 따라 기꺼이 줄을 선다. 일부러 줄 서는 재미가 좋아 먼 데서 힘들게 찾아오는 줄 알았다. 줄이 너무 길어 가게 이름이 주는 재미가 줄었는지 콘텐츠 이름을 밤과음악사이로 쉽게 바꾼 카피캣이 전국에 줄을 뻗었다. 지나치게 흥했다고 들었다. 줄을 뚫고 들어오는 낯선 사람마다 데리고 온 낯선 사람에게 여기가 진짜라고 설명하기 시작했다. 하지만 그 낯선 사람들과 함께 진짜도 아우라를 조금씩 잃어버렸다. 흥과 망은 짝꿍이다. 열두 해를 흘려 보내고 얻은 뻔한 깨달음이다. 그리하여 2020년. 나는 어쩌다 이 젊은 동네에서 오늘 밤 늙은 음악을 뒤섞는 젊은 늙은이로 분한 것일까?

젊은 늙은이

해가 반짝 대낮. 오랜 술에 쩔 대로 쩐 계단을 따라 내려가 텅 빈 지하로 들어섰다. 고달픈 생업이 밴 취기가 찌들어 늙은 현장에 모처럼 생기가 돌고 있었다. 홍대를 시원하게 주름잡고 더 큰 세계로 나아가고 싶은 젊은 젊은이 예닐곱 명이 맑게 모여 둘러서 있었다. 단출하게 구축한 생방송 시스템은 디지털 기술의 놀라운 가속 발전을 새삼 눈앞의 현실로 일깨웠다.

전화로 대충 약속한 대로 출연을 위해 특별히 더 할 수고는 없었다. 디제이 부스에 혼자 올라가서 늘 하던 대로 낡은 음반을 몇 장 골라 하나하나 이어 트는 것만으로 충분했다. 들어오는 길에 때마침 떠오른 첫 곡의 취기는 스스로 떨리는 소리를 따라 알아서 다음 레

퍼토리를 만들어 낸다. 디제이는 이미 흐르기 시작한 소리를 따라 흐르는 분위기를 살포시 조절할 따름이다. 하지만 감각적으로 매개할 물리적 변수가 없었다. 술에 취한 육체들의 솔직한 리듬이 사라진 생방송은 거짓 없이 고요했다. 그렇다. 생업과 생방송은 본성상 리듬이 완전히 다르다. 어느 곳에서 어떤 얼굴이 무슨 표정으로 왜 감상하는지 카메라 앞에 선 오브제는 아무것도 알 수 없는 노릇이었다. 그렇기 때문에 생방송 시간은 30분 정도면 충분했다. 네. 수고하셨습니다. 아. 확실히 다르네. 카메라로 다 담을 수 없는 이쪽 생업 시간은 그쪽 생업이 낯설게 나눈 나를 다시 이어 붙이러 굳이 홍대를 찾는 뭇사람이 술과 음악으로 질하게 뒤섞일 때 비로소 솔직한 현금과 함께 콸콸 흐를 수 있다.

말없는 오브제에서 말하는 사람으로 돌아온 다음 주어진 역할은 문화를 신화로 띄우다 늙은 젊은이로 곱게 변신하는 것이었다. 말이 필요 없는 디제이 부스에서 내려와 카메라를 비스듬히 보고 말하기 좋은 구석자리를 찾아 말을 들을 사람 몇몇과 도란도란 둘러앉았다. 젊은 젊은이가 물었고 젊은 늙은이는 대답했다.

「나무」라는 노래가 있어요. 거기는 그 가사에 자라려고 한국말로 자란다. 나무가 자라잖아요. 그래서 그대로 부르면 자라려고 하오예요. 그런데 자랄려고로 불러요. 그러니까 잘하려고가 되죠. 나무에 그런 의미를 보통 사람들은 생각을 안 하는데 김광석 노래는 그 의지를 집어넣는데 여긴 그게 없는 거죠. 자라려고 하지도 않고. 잘하려고 하지도 않고. 잘하려고 하지 않는. 술에 쩔은 동네에 있는 이상한 그루터기 같은 데에서 고로쇠나무처럼 빨대를 꽂으면 술이 찍하고 삐져나오는. 술이 샘솟는. 실제로 여기 주인이 캐시는 소금인데 술은 되게 관대해요. 그런 매개물들에 사람들이 얽혀 있는 거고. 바깥사람들이 봤을 때는 썩 건강해 보이지는 않죠. 저도 그래서 이렇게 잠깐 잠깐만 하는 거고. 중요한 건 사람이 평생을 쩔어 살 수는 없으니까.

(2020년 10월 11일. 서교동 어느 지하. 나)

연남동 젊은 젊은이들과 나눈 대화 속에서 나는 서교동 뒷골목을 잠깐잠깐 들르는 젊은 늙은이로 분한다. 홍대는 언제나 젊지만 나는 언제나 젊을 수 없다. 그렇게 동네와 사람이 시간을 따로 쓰다 보니 오늘 나만 대뜸 젊은 늙은이로 나뉘고 말았다. 왜 그럴까? 자라려고 하지 않았기 때문일까? 별 탈 없이 그대로 머문 서교동은 이제 연남동에 비해 늙었거나 늙어 보인다. 잘하려고 하지 않았기 때문일까? 새것이 옛것을 미루거나 밀어내는 사이 그냥 잘 살아 있는 것은 한창 젊은 가운데 용케 살아남은 것으로 늙었거나 늙어 버린다.

작업실

젊은 에너지는 아껴 쓰는 데 아랑곳없다. 서울 지하철 2호선, 인천국제공항철도, 수도권 전철 경의중앙선. 세 커다란 도시 교통이 교차하는 홍대입구역 플랫폼에서 오늘 가장 뜨거울 멋 따라 쏟아져 나오는 젊은이들은 홍대를 거듭 젊은 동네로 길들인다. 어디로 어떻게 길을 낼지는 앞으로 아무도 알 수 없다. 하지만 서교동이 연남동에 비해 더 홍대스러운 역사는 거리 곳곳에 남아 있다. 한국에서 미술대학으로 특별히 이름난 홍익대학교 다섯 글자가 의미 없이 두 글자로 줄어 버린 흔적은 아무리 놀아도 사라지지 않는다. 그렇다면 생방송이 가

공한 이미지를 따라 늙어 버린 나만 오늘 젊은 홍대를 몽땅 잃어버린 것일까? 그렇지 않다. 오늘 하루 늙어도 내일 다시 젊은 나와 닮은 다른 너와 함께 되찾은 시간 속에서 우리는 젊음과 늙음을 나눌 까닭 없이 예술이 순수한 홍대 쪽으로 또렷이 되살아난다.[2]

> 「나무」 가사도 그렇고 인터뷰 내용도 많이 공감이 가요, 자라려고 잘하려고 이렇게 쓴 문장을 들으니까 갑자기 옛날 생각이 확 나면서 홍대를 아우르는 사람들 전체가 크게 두 부류로 나뉜다는 느낌이 들었어요. 잘하려고 자라려고 하는 부류가 하나 있고 그런 게 아닌 그냥 즐기려고 오는 친구들은 아예 성향도 다를 수 있으니까 이게 완전히 대비가 되잖아요. 내가 학교 다닐 때 홍대 놀러오는 친구들 보면서 저 사람들은 왜 여기에 놀러올까 이런 이질감 같은 게 있었는데 저 문장으로 딱 정리가 된 거예요. 그때는 그 실체가 정확하게 뭔지 잘 몰랐어요. 나는 아침에 운동도 하고 1교시가 9시니까 열심히 학교를 작업실처

[2] 마르셀 프루스트, 김희영 옮김, 『잃어버린 시간을 찾아서 13』(민음사, 2022), 29~31쪽.

럼 가는데 막 술 취해서 비틀비틀 걸어오는 사람들을 보면 괴리감이 안 들 수가 없는 거죠. 이번에 되짚어 보니 홍대를 소비하러 오는 사람들과 내가 사는 홍대는 달랐던 것 같아요.

(2023년 4월 어느 날. 우리 집. 나와 닮은 다른 너)

예술가로 자라려는 미대생이 경험한 홍대는 내일을 꿈꾸는 학교와 오늘을 사는 집으로 충분한 동네다. 중학교 때부터 혼자 다닌 미술학원 속에 꼭꼭 접혀 있던 홍대가 홍익대학교 미술대학 회화과로 펼쳐지는 느낌은 자못 새로웠다. 이제 나는 예술가인가. 학교와 집 사이를 꿰뚫는 시간의 빈자리는 늘 예술가의 참모습을 그리는 생각으로 가득 채워졌다. 예술가는 하루하루 솔직한 작업으로 마음을 쓸고 비우는 소박한 삶을 꿈꾸는 사람이지 않을까. 예술은 나를 나누는 그리기 과제가 아니라 인류가 세계와 나눌 나를 그리는 작업이니까.

모든 미대생이 재료와 도구를 다루는 미대답게 칙칙하고 허름한 실기실에 틀어박혀 과제에 매진하는 것은 아니다. 하지만 오히려 그렇기 때문에 학교가 내준 실기실과 과제를 자기만의 작업실과 작업으로 받아들이는 미대생은 이미 예술과 함께 사는 예술가일 수 있다. 밥벌이가 불안정한 차원을 넘어 사실상 불가능한 현실을 일찍이 인정하고 작업실에 홀로 틀어박힌 예술가는 작업 시간을 일과 놀이로 나누어 쓰지 않는다. 왜냐하면 작업에 몰입하느라 돈 버는 시간을 잃어버린 순진한 순간의 나는 결코 나를 낯선 일로 몰아붙이지 않기 때문이다.[3] 순진한 예술가가 잘하려고 머무는 홍대는 이제 학교와 집으로 딱 나눌 수 없는 하나의 커다란 작업실로 자라난다.

> 앞치마를 하고 나간다는 게 외부인이 보기에는 되게 충격적인가 봐요. 앞치마가 솔직히 깨끗하진 않아요. 딱 봤을 때. 그렇잖아요. 작업복이니까 유화 물감이나 젯소 같은 거 덕지덕지 묻어 있을 수도 있고. 그래서 앞치마를 하고 화방까지 걸어간다는 거는 그만큼 거기에 꽂혀 있는 거죠. 작업에. 왜냐하면 벗고 가도

[3] Karl Marx, Economic and Philosophic Manuscripts of 1844, *Karl Marx Frederick Engels Collected Works Volume 3*, translated by Martin Milligan and Dirk J. Struik (Moscow: Progress Publishers, 1975), pp. 270~282.

되거든요. 갑자기 지금 뭐가 꽂혀서 작업을 해야 되는데 재료가 없어요. 그러면 급하게 가야 되니까 굳이 막 이걸 벗고 그럴 생각도 없었는데 나와 보니 주변이 너무 밝아요. 그때 아차 했던 거죠. 그 기억이 아직도 나는 이유는 앞치마 하고 내가 나왔을 때 밖이 너무 밝고 나랑 비슷한 또래인 애들은 너무 해맑게 놀러 오고 그런 친구들 보면 이해도 잘 안 되고 어쨌든 나는 어 앞치마 하고 나왔네 아 이렇게 되니까 서둘러서 재료 사 가지고 다시 작업실로 가는 거죠. 게다가 홍대 회화과 작업실이 안쪽에 있어서 많이 어두워요. 나무도 크게 뒤에 있고 겨울 되면 막 다 얼고 그래서 거기서 나오면 홍대가 너무 밝고 다 놀러온 사람들이네 그런 이질감이 들었던 거죠. 보통은 대학가가 안 그렇잖아요. 홍대는 홍대생보다 홍대생이 아닌 친구들이 더 많은 관광지 같은 데니까 우리 학교 앞이라는 생각이 드는 게 아니라 저들이 주인인 것 같고 뭐가 그렇게 너무 많은 상황이 불편한 거죠.

(2023년 4월 어느 날. 우리집. 나와 닮은 다른 너)

나를 나눈 홍대

앞치마를 두른 채 화방까지 바르게 걸어가는 순수한 미대생과 다르게 나는 홍대를 음악 따라 딴따라 쏘다녔다. 엔지니어로 공들인 관악산자락을 홀가분하게 떠날 생각에 한창 신이 난 나는 젊은 에너지가 밤새 모여 시끄러운 서교동보다 조용한 동교동에 홀로 집을 얻고 창작의 밤낮을 가리지 않는 나를 세상에 내놓았다. 이제 나는 음악가인가.

홍익대학교 앞 클럽 골목에서 외국 음악을 날로 트는 디제이 꼬마는 하루하루 이 도시를 마음껏 누볐다. 손수 쌓은 음반 더미에서 고른 음악을 조각내 잘 섞고 놀아야 벌어먹을 수 있는 나는 일하는 나와 노는 나를 따로 떼어 둘 새가 없었다. 노는 일로 즐거운 나는 하루하루 하나같이 흘러넘칠 뿐이었다. 모두가 놀러 오는 길 위에 노는 일하러 가는 샛길을 내는 맛이 참 좋았다. 길가를 헤매는 유령[4]이 곁에 있는 줄 몰랐고 알았어도 그 마음을 이해할 턱이 없었다. 노느라 시간 가는 줄 모

[4] Virginia Woolf, *Street Haunting: A London Adventure*(Redditch: Read Books, 2012).

른다는 말은 결코 실없는 농담이 아니다. 이제 나는 홍대 사람인가.

예술가로 자라려는 날라리 공대생은 올바른 미대생과 마찬가지로 홍대에서 잘하려고 했다. 하지만 어느 날 문득 돌이켜 보니 큰돈 없이 작은 꿈을 하나하나 이룰수록 느긋한 동네는 낯선 일터로 변하고 있었다. 노는 일로 노는 나를 일로 나눈 홍익대학교 앞 클럽은 이제 젊은 예술가가 잘하려고 자랄 수 있는 언더그라운드로 솟아오르지 않았다. 골목 앞 삼거리 허름한 포장마차가 느닷없이 이름난 삼거리포차로 부풀어 오르기 시작했고 긴 줄 따라 줄 서기 좋아하는 뭇 젊은이가 마구 몰려들었다. 소박한 예술과 아무 상관없는 싸구려 소주가 밤새 파도치는 홍대에서 젊은 디제이가 할 일은 오늘 급한 짝짓기를 부비부비 달구어 떠먹여 주는 오부리일 뿐이었다. 걸어서 고작 10분 정도 거리에 나만 몰랐던 생음악 술집이 콸콸 살아 있어 반가웠던 그 까닭이고로 홍대가 나를 홍익대학교 앞에서 나누어 버려 버린 이 까닭 안에 있지 않을까?

혼자 하는 워크숍

임가영

임가영 퍼포먼스를 통해 사람들이 무엇을 하거나 하지 않도록 만드는 행위자성의 정치적 의미를 탐구한다. 최근에는 플랫폼의 행위자성으로 관심을 확장하여, 진(zine)과 같은 실험적 출판물과 퀴어 게임을 결합해 사용자와 함께 작동하는 '활성화된 물질'로 재정의하고자 한다. 워크시트와 워크숍의 매체적 가능성에 관심이 있고, 이여로와 함께 『미술 구술: 전시 보기와 말하기 매뉴얼』을 공동 집필했다. 다수의 퍼포먼스 작업과 워크숍을 꾸려 왔다.

"서로의 이름을 연쇄적으로
불러 주고 돌려주는 재호명이 아닌
방식으로, 보이도록 계획된 행위 밖의
시간을 포괄해 무언가를 하는
자리를 만들 수는 없을까?"

혼자가 될 때 나는 긴급하게 무의미로 빠져든다. 가끔은 나 자신이 완전히 와해되어 곰팡이 정도의 존재가 될 때까지 쇼츠를 보거나 게임을 하고 싶다. '진짜 휴식'이 모든 존재 되기를 멈추고 될 수 있는 한 끝까지 축소되는 것 외의 다른 모습일 수 있을까? 상상이 안 된다.

반대로 존재의 확장에 대한 욕망이 있다. 더 많은 것들과 연결되길 원하는 마음이다. 더 많은 관심을 얻길 바라거나 적어도 그게 당연히 더 좋은 일이라는 믿음이기도 하다. 요즘 사람들은 어딘가에 소속되어 긴밀히 교류하는 대상을 필요로 하는 것을 넘어서, 자신이 실제 있지도 않은 곳에서 무수히 출현하기를 기대한다. 특히 나와 같은 예술가들은 자동화된 시스템을 타고 존재가 퍼져 나가길 기대하기도 한다. 설령 기업 주도의 플랫폼 경제를 강화하고 인간 언어의 관행을 망가뜨리는 AI 알고리즘에 반대하더라도, 자신의 명성이 SNS의 노출 알고리즘과 결합되는 것은 다들 괜찮아하는 것처럼 보인다. 잘 알지 못하는 사람들이 자신의 이미지를 보고, 자신이 한 말을 반복하고, 브랜드로 인식되는 것. 이건 잭팟이다.

하지만 잭팟은 일상적으로 발생하는 일이 아니다. 대부분은 아직 발굴되지도, 알려지지도 못한 상태에서 조바심에 빠져 있다. 남들에게 '알려지지 않으면' 나의 핵심적인 정체성이 '생존'할 수 없다고 비장하게 말하기도 한다. 어쩌면 휴식이란 이 '생존-연결' 상태에서 격렬히 멀어지는 일일 수 있다.

미술에서의 워크숍

내가 정말 원하는 것은 온전히 혼자가 되는 것은 아니다. '생존-연결' 모드에서 벗어난 채로, 여전히 세상에 참여하는 방식을 찾는 것이다. 올해 나는 워크숍을 많이 했다. 여기서 워크숍은 사내 단합대회나 취미 수업이 아닌, 미술 공간에서 이루어지는 참여형 예술 프로그램을 말한다. 주로 전시장 안에서의 걷기, 멈추기, 듣기와 같은 관람 활동과 함께 감상 드로잉, 오브제 조형, 관람 동선 기록 등 다양한 방법으로 관객의 '자기 언어'를 끌어내는 작업을 한다. 항상 미술 전시에서 관객의 감상이 어느 곳으로 사라져 버리는지 궁금했다. 분명 전시장을 찾아오는 사람들 각자의 느낀 바가 있을 텐데, 영화나 책과는 달리 관객의 말을 접할 수 있는 길이 없는 것처럼 느껴졌기 때문이다.

꽤 긴 시간 동안 나는 관람문화연구 콜렉티브 격주로에서 활동해 왔다. 격주로는 예술 작품을 관객의 수용이 아닌 사용의 관점에서 접근하여, 전시와 작품의 의미와 기능을 관객이 공동으로 만들어 내는 자리를 마련해 왔다.[1] 격주로 워크숍은 전형적인 미술 교육 프로그램은 아니었다. 함께 일했던 멤버 중 하나는 워크숍 참여자의 먹거리에 신경을 썼다. 그는 테이블 하나

[1] 격주로 활동의 주요 축인 미술관 경험의 '사용자성(Usership)'은 전체 멤버가 함께 공부한 이 선집에서 온 것이다. Nick Aikens·Thomas Lange·Jorinde Seijdel·Steven ten Thije ed., *What's the Use?: Constellations of Art, History, and Knowledge* (Amsterdam: Valiz·L'Internationale, 2016).

에 면보를 깔고, 그 위에 직접 만든 두부 후무스와 샐러리 스틱, 근처 베이커리에서 사온 맛있는 빵들과 살짝 신 맛이 나는 비스킷, 치즈와 견과류, 과일 콩포트 등을 푸짐하게 차렸다. 워크숍 장소에서 풍기는 퀴퀴한 냄새를 가리기 위해 현장에서 일부러 향신료가 많이 들어간 스프를 끓이기도 했다. 이런 준비는 나라면 결코 하지 못할 일이다. 또 팀원들은 참여자와의 소통에서 어느 정도 개인적인 깊이가 달성되길 원했다. 단둘이 마주 보고 주제에 대한 이야기를 주고받으며, 함께 하나의 그림을 완성해 나가는 것처럼 말이다. 언젠가 대화 중에 워크숍에서 이루어지는 소통에 대한 기대에 팀원들과 내가 다소 다른 측면이 있다는 것을 깨달았다. 팀원이 생각하는 워크숍에서는 '나'로부터 발신되는 것에 대한 참여자의 응답, 또는 그 반대 방향으로 뻗어 가는 연결이 그려지고 있었다. 하지만 내게는 발신자, 혹은 수신자로서의 '나'의 자리가 반드시 필요한 것은 아니었다.

내가 워크숍에 기대하는 소통 방식은 비평가 윤아랑이 「만화비평모임을 계속 하는 이유」에서 말한 '유리병 편지'에 더 가까웠다.[2] 그는 "외로운 작품과 독자에게 각각 마땅한 개념적인 자리와 동지를 찾아 주며 부재를 메우는 식으로, 즉 우정의 링크를 제공하는 식"으로 "비평의 부재에 어떻게든 복수"하고 싶었다고 말한다. 또한 설령 단절이 또다시 일어난다 해도, 나중의 독자에게 떠내려가 닿을 수 있는 "유리병 편지로서 비평"을 만들어 낼 수 있을 것이라 말한다. 망망대해를 떠내려가는 유리병이 누군가에게 닿을지는 불분명하다. 이 편지는 아직은 어디에 있는지 모를 고독한 독자를 위한 것이며, 모임은 복수의 시작을 위한 미미한 시도다.

격주로의 미술 워크숍은 미술 전시의 어려움과 낯섦을 감각적 재배치로 돌파해 관객의 발화를 이끌어 내고, 그것을 임시공동체의 대화 속에 자리하게 한다. 그럼으로써 관객의 언어 없이 공회전하는 폐쇄적인 미술 생산 체계에 대응한 셈이다. 하지만 워크숍에서 발화된 말들은 정해진 꼭지점, 다른 워크숍 참여자나 진행자에게로 꼭 연결되는 것은 아니다. 그렇다면 워크숍에서 관객이 말하고 경험한 것들은 어디로 갈까? 아마도 어딘가로 떠내려갈 것이다. 어쩌면 그 자리에 있던 누구

[2] 윤아랑, 「만화비평모임을 계속 하는 이유」, 《채널예스》 2024년 8월 23일 자.

도 더 이상은 확인할 수 없는 먼 바다 너머로.

분명 나는 실제 관객의 언어를 유리병에 담아 띄워 보낸 적은 없다.(작은 종이 상자에 담은 적은 있다.) 그리고 여태껏 장소 곳곳에 배어드는 후각적인 자극과 자연스러운 초청의 제스처 속에서 모임에 따스하고 매력적인 온기를 심어 넣는 팀원들의 능력과 그 혜택을 군말 없이 누려 왔다. 동시에 워크숍의 달성을 어쩌면 지금은 미처 닿을 수 없는 미래의 시간과 장소 속에 상정하고 있다.

상상 워크숍

나는 여기에 왜 있는지 모를 물건들과 어떻게 이곳까지 오게 되었는지 좀처럼 알 수 없는 사람들이 모여서, 홀연히 낯선 물건, 혹은 누군가의 몸을 살피고, 움직이고, 그에 대해 말하는 워크숍을 상상한다. 바라건대 그 시간이 왠지 자신의 삶에 뿌리내린 무언가를 건드린 경험이었다는 생각을 품고 있기를 희망한다. 워크숍이 끝나면, 참여자들은 각자의 길로 떠난다. 한자리에 모여 무언가를 함께했던 사람들이 서로에게 깊이 연루되기보다는 이후의 장소로 흩어지는 것. 이것은 모임의, 워크숍의 실패일까?

이 상상에 영감을 준 작품이 있다. 1970년대부터 작업을 지속하고 있는 '집단 행동(Коллективные действия)'의 작품 「열 명의 출현(10 appearances)」이다. 집단 행동은 당시 "전체주의로 물든 거리, 군중, 집단 미학"의 중심인 모스크바를 벗어나 도시과 농촌의 경계에 있는 불확실한 공간으로 사람들을 초대한다.[3] 그리고 일련의 간결한 행위를 함께하면서, 전체주의가 허락하지 않는 여백과 시적인 아름다움을 탐색하려 했다.

1981년 2월 집단 행동의 초청으로 러시아 모스크바 북부의 작은 마을 키예브 고르키 근처에 열 명의 사람들이 모였다. 그들은 모임 조직자의 안내를 따라서 사뵬롭스카야 노선 열차를 타고 도시를 빠져나와, 한참을 걸어 숲으로 둘러싸인 광활한 들판 한가운데에 도달했다. 이들은 자신들이 찾아온 이 모임의 이름이 무엇인지, 이제부터 무엇을 하게 될지 아직 알지 못했다.

[3] 김주현, 「소비에트 예술 맥락에서 본 "콜렉티브 액션(Collective Actions)"의 예술전략」(한국예술종합학교 미술이론과 예술전문사 학위논문, 2023), 66쪽.

모스크바 근교의 2월은 적설이 가장 두터워지는 시기다. 눈 위에 찍힌 참여자들 자신의 발자국 외에는 아무것도 없는, 백지처럼 하얀 들판 가운데에 60×90센티미터 크기의 판자가 놓여 있었고, 위에는 흰색 실이 감긴 실타래 열 개가 못으로 고정되어 있었다. 각 참여자는 실을 하나씩 잡고, 처음 모였던 장소가 보이지 않을 때까지 직선으로 걸어 숲속으로 들어가라는 지시를 받는다. 가는 길에는 눈이 무릎까지 쌓여 있어 나아가기 힘들었다. 한 시간가량 걸어 손에 쥐고 있던 실이 마침내 다 풀어지자, 참여자는 실 끝에 매달린 종이를 펼쳤다. 안에는 이 작업이 일어난 시간과 장소만이 적혀 있었고, 이후에 추가 지시는 주어지지 않았다.

그들은 들판 중앙으로 되돌아가거나 다른 곳으로 더 멀리 걸어 나갈 수 있었다. 결과적으로 일곱 명의 참여자가 자신이 온 길을 따라, 한 명이 다른 이가 걸어온 길을 따라 돌아왔다. 돌아온 이들에게는 비로소 작품의 이름인 '열 명의 출현'과 숲의 가장자리로부터 걸어 나오는 각자의 모습이 희미하게 담긴 사진이 주어졌다. 그리고 두 명의 참여자는 돌아오지 않았다.

두 명이 돌아오지 않았지만, 집단 행동은 '열 명의

출현'이 실패했다고 보지 않는다. 그들은 작품으로서 보여지도록 계획된 행위 밖(extra-demonstrational)의 시간 속에서, 열 명의 출현은 모두 성공적으로 이루어졌다고 말한다.[4] 여덟 명은 참여자와 작가 모두가 서로를 볼 수 없는 거리에 놓여 있을 때 그 어떤 추가 지침 없이 홀로 되돌아왔고, 두 명은 작품 밖 어딘가의 비예술적 공간으로 출현했다고 할 수 있기 때문이다.

어디에도 기록되어 있지 않은 떠나 버린 두 사람의 모습을 떠올린다. 그 모습은 들판에 모인 사람들이 교환하는 사진과 메모에 남지 않았지만, 앙상한 겨울 숲에 서서 손에 쥔 실을 바닥에 놓고 앞으로 계속 걸어 나가는 모습을, 인적 없는 근교를 지나 열차에 몸을 싣는 장면을, 좀 전에 있었던 들판에서의 일에 대한 신체적, 심리적 영향 속에서 각자 삶의 공간으로 출현하는 순간을 상상할 수 있다.

[4] Collective Actions, "Ten Appearances", Claire Bishop ed., *Participation*(London: Whitechapel; Cambridge, MA: The MIT Press, 2006), p. 129.

거리를 둔 참여

다시 현재로, 손쉽고 재빠른 피드백 루프 안에서 서로의 연결을 가시화하는 데 중독된 삶으로 돌아와 본다. 내가 여기서 너를 보고 있고, 듣고 있고, 너 역시 나를 보고 있고, 나의 말을 듣고 있다는 부단한 확인의 자리, '좋아요'와 재게시가 실시간으로 만들어 낸다고 여겨지는 연결이 전부는 아니다. 서로의 이름을 연쇄적으로 불러 주고 돌려주는 재호명이 아닌 방식으로, 보이도록 계획된 행위 밖의 시간을 포괄해 무언가를 하는 자리를 만들 수는 없을까? 누군가는 예상한 지점까지 오지 않아도 되는 모임은 어떨까? 참여의 조건이면서 동시에 연결이 보이지 않게 거리를 두는 워크숍을 만들 수 있을까? 이 질문이 나의 상상을 부풀린다.

예술적 실천에서 거리 두기 자체가 참여가 된다는 관점이 있다. 「거리로서의 참여」에서 예술 이론가 루치아 보다노빅은 아마추어 예술의 힘이 제도권 예술과의 의식적인 거리에서 나온다고 쓴다.[5] 또한 아마추어가

[5] Lucia Vodanovic, "The New Art of Being Amateur: Distance as Participation", *Journal of Visual Art Practice*

전문가들과 같은 회로, 같은 네트워크 안으로 너무 깊이 흡수될수록 그 거리에서 비롯되던 잠재력이 약해진다고 말한다. 그가 말하는 거리 두기는 온전히 혼자가 된다는 것과는 다르다. 안과 밖의 경계에서, 제도와 같은 인정 체계에 대한 열망이나 적대, 또는 둘 모두의 감정이 관여된 관계에 참여한다는 뜻이다.

보다노빅이 말하는 거리와 지금의 내가 경험하는 거리는 닮아 있으면서도 분명 다르다. 내가 아는 거리는 자잘한 정동 같은 것으로 지저분하게 가득 차 있다. 서운함, 단념하기, 질투하기, 간만에 받은 인정으로 살 것 같은 마음, 기대를 저버릴까 도망치고 싶은 심정 같은 것들 말이다. 애초 나는 왜 모두에게 거리를 두고 자꾸만 혼자가 되고 싶어 하는가. '뭉쳐서 서로 각별히 중요한 듯 이름을 불러 주는 게 꼴 보기 싫다'는 느낌이 불쑥 치밀어 오르지 않는다면, 사실은 영원히 그 이름(브랜드) 중 하나가 될 수 없다는 강력한 불안이 내 안에 존재하지 않는다면 말이다. 이런 감정은 연결과 피드백을 부추기는 기술, 소통, 경제적 관행 속에서 연결-생존의

12(2)(2013), pp. 169~179.

불안으로 부풀어 올라, 언제든 연결-확장의 욕망으로 급전환될 수 있다.

나는 증폭적 연결의 강박에서 한 걸음 거리를 둔 참여를 원한다. 그래서 워크숍을 준비한다. 워크숍은 사람들을 한 장소에 모으는 것뿐만 아니라, 이후 각자가 흩어져 걸어갈 서로 다른 경로를 만들어 내는 장치로 작동할 수 있다. 이 장치를 통해 우리가 직면하고 있는 연결의 에너지와 방식을 다른 형태로 재구성해 볼 수 있을지 모른다. 장치의 작동을 확인하기 위해서는 테스트가 필요하고, 이러한 테스트의 가장 좋은 방법은 타인이 주관한 워크숍에 참여자로 함께하는 것이다. 나에게 워크숍은 즉흥과 우연의 요소를 품은 유동적 형식인 동시에 특정한 스코어로 읽고 분석할 수 있는 대상이기도 하다. 진행자의 노하우를 살펴보고 일부는 차용해 보기도 하고, 단지 거기서 벌어지는 일이 시간을 어떻게 차지하며 흘러가는지 느껴 보기도 한다.

워크숍에 참여하거나 만들 때, 혹은 만들기 위해 참여할 때, 나의 몸은 특정한 장소와 상황 안에 배치된다. 차례차례 행위와 절차에 대한 요구가 생긴다. 나는 내 생각을 말하게 되고, 동시에 타인의 생각을 듣게 된다. 연결도 일어난다. 다만 그 연결은 내가 예상한 범위 안에서만 오지 않는다. 기대 밖의 시간과 공간으로부터, 혹은 뒤늦게 도착하는 방식으로도 온다. 나는 혼자인 채로, 곰팡이처럼 축소되고픈 열망을 버리지 않은 채로 워크숍이라는 장치가 자아내는 연결 안으로 들어섰다가 다시 빠져나온다. 그리고 자꾸만 반복해서 그렇게 한다. 대부분의 워크숍이 그러하듯 이 자리는 누구에게나, 특히 아직 불리울 이름이 없는 이들에게 언제나 열려 있기 때문이다.

참고 문헌

시작하는 독자를 위한 책

김선기, 『청년팔이 사회』(오월의봄, 2019)

김순남, 『가족을 구성할 권리』(오월의봄, 2020)

김영민, 『한국적 교양의 실패와 여자들의 공부론』(글항아리, 2025)

김원영, 『실격당한 자들을 위한 변론』(사계절, 2018)

일라이 클레어, 하은빈 옮김, 『눈부시게 불완전한』(동아시아, 2023)

임가영, 『연속 종이』(화이트리버, 2025)

하은빈, 『우는 나와 우는 우는』(동녘, 2025)

하태우, 『휠체어에서 듣는 음악』(워크룸프레스, 2025)

더 깊은 이해를 도와주는 텍스트

김도현, 『장애학의 도전』(오월의봄, 2019)

김미소, 「'고립'을 통치하기: 고립 청년 지원 정책의 문화기술지」(연세대 문화인류학과 석사논문, 2025)

김성아·김문길·임덕영·노혜진·노현주, 『고립·은둔청년 현황과 지원방안』(한국보건사회연구원, 2023)

김영민, 『그림자 없이 빛을 보다』(글항아리, 2023)

김영민, 『적은 생활, 작은 철학, 낮은 공부』(늘봄, 2022)
김원영, 『실격 당한 자들을 위한 변론』(사계절, 2018)
김주현, 「소비에트 예술 맥락에서 본 "콜렉티브 액션(Collective Actions)"의 예술전략」(한국예술종합학교 미술이론과 예술전문사 학위논문, 2023)
사라 아메드, 성정혜 옮김, 『행복의 약속』(후마니타스, 2021)

Collective Actions, "Ten Appearances", Claire Bishop ed., *Participation*(London: Whitechapel; Cambridge, MA: The MIT Press, 2006)
Douglas Crimp, "How to Have Promiscuity in an Epidemic", *AIDS: Cultural Analysis/Cultural Activism*, October 43(Winter 1987)
Ferdinand de Saussure, *Course in General Linguistics*, translated by Roy Harris(Chicago: Open Court, 2009)
Karl Marx, Economic and Philosophic Manuscripts of 1844, *Karl Marx Frederick Engels Collected Works Volume 3*, translated by Martin Milligan and Dirk J. Struik(Moscow: Progress Publishers, 1975)
Leo Bersani and Adam Phillips, *Intimacies*(New York: Farrar, Straus and Giroux, 2008)
Lucia Vodanovic, "The New Art of Being Amateur: Distance as Participation", *Journal of Visual Art Practice* 12(2)(2013)
Nick Aikens·Thomas Lange·Jorinde Seijdel·Steven ten Thije ed., *What's the Use?: Constellations of Art, History, and Knowledge*(Amsterdam: Valiz·L'Internationale, 2016)

Virginia Woolf, *Street Haunting: A London Adventure*(Redditch: Read Books, 2012)

번외로 함께 보고 싶은 콘텐츠

마르셀 프루스트, 김희영 옮김, 『잃어버린 시간을 찾아서 13』(민음사, 2022)
마리나 츠베타예바, 이종현 옮김, 『끝의 시』(읻다, 2020)
메리 올리버, 민승남 옮김, 『시 쓰기 안내서』(마음산책, 2025)
박상영, 『대도시의 사랑법』(창비, 2019)
윤아랑, 「만화비평모임을 계속 하는 이유」, 《채널예스》 2024년 8월 23일 자
이언희, 「대도시의 사랑법」(2024)
장률, 「당시」(2004)
줄리엣 미첼, 반태진, 이성민 옮김, 『미친 남자들과 메두사들』(도서출판b, 2025)
진송 외, 『미친, 사랑의 노래』(현실문화, 2024)
홍성훈, 『몸 투기』(이학사, 2017)

편집 후기

하은빈 — 우는 나와 쓰는 나는

[한솔] 사랑하는 이의 곁에 있는 것이 쉽지 않을 때, 혼자가 되는 일 역시 쉽지만은 않다. 혼자이고 싶다는 갈망은 죄책감과 한 쌍으로 움직인다. 하은빈의 책 『우는 나와 우는 우는』에서 심리상담사와 '나'의 연인 관계를 두고 나눈 대화("엄마가 자식을 버리면 안 되잖아요?" "하지만 당신의 자식이 아니잖아요?")를 보고, 내가 아이를 낳은 뒤 언제나 느꼈던 '혼자이고 싶은 마음'을 떠올렸다. 드러내 놓고 말할 수 없다고 생각한 마음이었다. 혼자가 되고 싶을 때, 그리고 그러한 마음을 느끼고 말하는 데 어려움이 있을 때, 글쓴이가 이 글에서 결국 보여 준 표정을 같이 떠올려 보면 좋겠다.

김영민 — 혼자 있는 법을 알고 싶은 이에게

[새벽] 의연하고 홀가분한 사람인 것처럼 살아왔는데 '혼자'라는 주제 앞에서 실상 내가 혼자 잘 있지 못한다는 것을 인정하게 됐다. 혼자 있는 시간에 정신없이 집안일을 한다거나, 친구와 긴 통화를 한다거나, 술을 마실까 말까 고민하면서 말이다. 같이 사는 사람이

있고 가족 친구들과 모임도 자주 하기 때문에 혼자 있는 시간이 드문데, 이 시간조차 잘 보내지 못한다면 나만의 뭔가는 이루지 못할 거라는 무서운 생각도 들었다. 그래서 오랫동안 멀리서만 읽던 인문학자에게 청탁을 했다. 글쓴이가 들려주는 방안들이 놀랍도록 와 닿는다. 60대가 되면 나도 단전 호흡을 하게 될지는 모르겠지만 대체로 모두 따라서 해 보려고 한다.

진송 — 친밀하지 않은 돌봄

[세영] 혼자 아프면 서럽다는 말이 있다. 돌봄이 옆에 있는 친밀한 사람들 사이에서 이루어진다는 걸 보여 주는 말. 아플 때, 외로울 때 우리는 가족에게, 연인에게, 가끔은 친구에게 의존한다. 비평가 진송은 이렇게 돌봄이 의존하는 친밀함을 들여다보면서, 친밀성 안에 자리잡은 위계를 드러낸다. 친밀성의 사각지대가 곧 돌봄의 사각지대가 되는 현실에서 벗어나기 위해서는 친밀함과 생존 사이의 급진적인 단절이 필요하다고 말하는 선언적인 글. 가족, 친구 같은 친밀한 관계에서부터 친밀하지 않은 관계들까지, 내가 의존하고 있는 것들을 돌아보게 했다.

김미소 — 청년이 고립되기까지

[세영] 한 친구가 자신이 '쉬었음 청년'이라고 농담 삼아 말했다. 나에게는 이런저런 일을 하고 하고 싶은 일도 있고 고민도 많은 청년인데……. 고립청년, 쉬었음 청년, 니트족, 캥거루족 같은 말로는 포착되지 않는 청년들의 삶. 인류학자 김미소는 자신을 고립, 은둔 청년이라고 말하는 이들의 구체적인 이야기를 들려준다. 읽는 동안 취업준비생 시절 소용돌이처럼 빨려들었던 은둔과 여전히 가끔씩 덮쳐오는 고립감을 떠올렸다. 비슷한 듯 모두 다른 고립들이 어떻게 살아지고 있는지 더 많이 그려 보고 싶다.

박성우 — 남자들끼리의 대화

[새벽] 남자들과의 대화라면 아쉽지 않을 만큼 해 왔다. 가족과 대화하고 남자 친구와 대화하고 저자와 대화하는 일이 나에게 인문학 그 자체이기 때문에 충돌하고 싸우고 답답해서 가슴을 치면서도 계속 해 왔는데…… 이제는 내가 상대를 바꾼다는 욕심을 끊어야겠다는 생각에 이르렀다. 그래서 관계 지향적인, 감정적인, 말이 많은 나와는 대화가 되지 않더라도 남자들끼리는 대화를 해야 하지 않겠느냐 하는 문제의식과 함께 존경하는 활동가 박성우에게 청탁을 했다. 그의 해법이 충격적인데 곱씹을수록 깊어서 젠더를 막론하고 독자들과 같이 논해 보고 싶다.

이종현 — "나는 비스듬히"

[한솔] 홀로 은둔하는 시인의 이미지는 익숙하다. 100년 전 러시아 레닌그라드에서 살던 시인 알리크 리빈 역시 흔한 은둔 시인 중 하나인 것 같기도 하다. 그렇지만 생전에 제대로 출간은 커녕 발표된 적도 없는 그의 시들이 왜 갑자기 2022년 여름, 『거대한 전쟁이 온다』라는 제목으로 출간되었던 것일까? 그해 봄 러시아가 우크라이나를 침공한 후 '전쟁'이라는 단어를 공공연히 쓸 수 없었던 일이 배경에 어른거린다. 그리고 이 시집은 곧 절판 처리되어 서점에서 사라졌다고 한다. 제2차 세계대전을 앞두고 어디에도 속하지 않고 "비스듬히" 존재했던 시인의 날들과, 또한 거대한 전쟁의 세계에 살고 있는 오늘날이 겹쳐진다. 비스듬히는 가장 외로운 날을 견디는 모습인 듯하다.

홍성훈 — 나는 나를 나눌 수 있을까?

[세영] 혼자의 최소 단위는 '나'인데, 개인(individual)으로서 나는 더 이상 나뉠 수 없는 걸까? 홍대에서 디제이로 살았던 홍성훈은 '젊음의 거리' 홍대를 걸으며 더 이상 젊지 않은 나, '젊은 늙은이'로서 나를 발견한다. 어느 공간 어떤 시간에 녹아들지

못하고 붕 뜬 채로 나를 내려다보는 감각은 익숙하고 괴롭다. 하지만 나뉠 수 있는 나는 또 다른 '나'와도 만날 수 있지 않을까? 홍대의 흥망성쇠와 함께 나를 잃어버렸다가 '나와 닮은 너'와의 대화 속에서 다른 홍대와 다른 나를 발견하는 기묘한 시간성의 에세이가 되었다.

임가영 — 혼자 하는 워크숍

[새벽] 2025년 최고의 책으로 꼽았던 『연속 종이』의 저자 임가영이 워크숍을 기획하고 진행하는 일을 계속하고 있다고 해서 원고를 청했다. 《한편》 세미나를 비롯해 이런저런 북토크를 할 때마다 나로서는 처음 구상하는 부담, 진행할 때의 흥분, 끝나고서 아쉬운 마음(그리하여 밤샘 뒤풀이를 열망하게 되는) 간의 낙차가 컸다. 임가영은 그런 너무 많은 기대와 실망에서 자유로운 개인주의자로 보였는데, 글을 편집하면서 지금과 같은 초연결 시대의 어려움도, 그 속에 있는 실낱 같은 희망도 명확하게 포착할수록 우리가 조금이라도 자유로워질 수 있다는 걸 알아 갔다.

지난 호 목록

7 중독

김지효 「인생샷을 찾는 사람들」
김민주 「미디어중독자의 행복한 삶」
김관욱 「"담배, 참 맛있죠"」
허성원 「섹스 중계자들의 우화」
임민경 「중독자의 곁에 있기」
유기훈 「강제 치료를 둘러싼 문제」
노경희 「불멸에 이르는 중독」
조성도 「CEO의 '착한' 경쟁 이야기」
정진영 「집으로 돈 버는 세계에서」
지비원 「인문서에 집착하는 이유」

8 콘텐츠

이솔 「산만한 나날의 염증에 관하여」
콘노 유키 「핫플레이스의 온도」
김윤정 「귀여움이 열어젖히는 세계」
신윤희 「아이돌 팬이라는 콘텐츠」
천미림 「범죄물을 대하는 자세」
허지우 「"그거 이차가해 아닌가요?"」
장유승 「조선 사람이 선택한 콘텐츠」
조영일 「콘텐츠 시대의 예술작품」
정민경 「'되는 이야기' 만드는 법」
김찬현 「막힌 곳을 뚫는 과학」

9 외모

김원영 「외모라는 실체에 관하여」
김애라 「메타버스 아바타의 상태」
박세진 「패션 역주행에 대처하는 법」
임소연 「K-성형수술의 과학」
안진 「왜 TV에는 백인만 나올까?」
이민 「전시되지 않는 몸들의 삶」
정희원 「지속가능한 몸 만들기」
박정호 「얼굴을 잃지 않는 대화」
김현주 「비누거품 아래, 죄와 부채」
일움 「외모 통증 생존기」

10 대학

난다 「학력 무관의 세계를 향하여」
김종은 「익명을 설득하는 학생 자치」
신하영 「혼란스러운 강의실 만들기」
우재형 「노동문제 동아리 활동기」
신현아 「대학이 해방구가 될 때」
유상운 「탐구는 어디에서 일어나는가」
소진형 「'실용적인 학문'의 성립 사정」
황민호 「졸업하기 싫은 학교」
현수진 「대학 안팎에서의 역사학」
유리관 「아 다르고 어 다른 세상에서」

11 플랫폼

김리원 「택배도시에서의 일주일」
강미량 「걷는 로봇과 타는 사람」
전현우 「독점으로 향하는 급행열차」
김민호 「플랫폼들의 갈라지는 시공간」
김유민 「알고리즘을 대하는 자세」
이두갑 「창작자의 정당한 몫 찾기」
김혜림 「K 카다시안의 고백」
문호영 「번역을 공유하는 놀이터」
김예찬 「잃어버린 시민을 찾아서」
구기연 「인스타스토리로 연대하기」

12 우정

안담 「작가-친구-연습」
이연숙 「비(非)우정의 우정」
김정은 「자기 언어를 찾는 방법」
김예나 「털 고르기를 하는 시간」
김지은 「비둘기와 뒤얽히는 영역」
김경채 「일본인이 되는 문제」
이경빈 「남북 관계의 굴레에서」
김민하 「정치에서 우정 찾기」
장현정 「바닷가 동네의 친구들」
추주희 「'호구'가 되는 우정」

13 집

영이 「내 영역」
김영욱 「장자크 루소, 집 없는 아이」
이지선 「21세기 우주인의 귀향」
박진영 「나의 깨끗한 집 만들기」
육주원 「이슬람 사원 짓기」
오은정 「후쿠시마의 주민들」
조원희 「전세 제도의 미래」
지수 「집이 없어, 하지만!」
이재임 「쪽방의 장례식」
김호성 「마지막 둥지를 찾아서」

14 쉼

하미나 「곧바로 응답하지 않기」
하미나와 독자들 「당신의 아무것도 하지 않는 시간」
김진영 「도망치는 것도 때로는 도움이 된다」
소영광 「무신론자에게 보내는 편지」
연어×채효정 「농사짓기에서는 뭐가 일이고 뭐가 쉼일까?」
이정화×정기현 「책 만드는 사람들이 도시 농부가 된 이유」

15 독립

이양구 「저마다의 먼 강으로」
송재홍 「래퍼들의 갤럭시」
김강기명 「독립 너머 연립」
정문태 「국경은 아프다」
지음 「독립은 함께 살기다」
황소희 「한국인의 시민 수업」
안진영×백가을 「일인 가구의 쾌락 독립」

16 유머

들깨 「지배자의 몰락」
김민하 「누구와 웃을 것인가」
복길 「나락에서의 농담」
안담 「강간 농담 성공하기」
김영욱 「보고서: 루소와 밀레의 우정」
김혜림 「나는 나를 보고 웃지」
염문경 칼을 들고 다니는 여자」
엄일녀 「미련한 이모」
김은한 「오래 퍼지는 늑대 웃음소리」

17 한국

김정인 「아래위의 민주주의」
아브서브 자올 「《대화》라는 잡지」
김지현 「한국, 여성, 문학」
김익균 「춘향의 그네 노래」
영이 「빈틈에서 읽는 한국사」
강보라 「"K" 없는 K-푸드」
최정 「노잼도시가 어때서?」
오승희 「대한민국의 인정 투쟁」
심아정 「지금 우리에게 베트남전쟁」

18 축제

이수유 「죽음과 축제」
이리예 「"뭐 하는 데"」
최여울 「일만년 축제 이야기」
정윤영 「어린이 축제의 승마 체험」
김경은 「홍등을 깨트리다」
국명표 「축제 같은 집회와 희망」
박선영 「기후변화 시대에 축제하기」
신동일 「두 언어의 갈림길에서」

인문잡지《한편》'혼자' 호를 펼친 여러분을 환영합니다.
이 책을 손에 든 지금 혼자인가요?
누군가와 함께 있나요? 평소에 혼자 있고 싶은가요?
아니면 혼자인 게 두렵게 느껴지나요?
'혼자'는 퇴근 후 두 아이의 육아를 시작하며
"혼자 있고 싶다."라고 나도 모르게 말해 버린
엄마 편집자의 이야기에서 시작되었어요.
누군가를 돌보거나 돌봄을 받아야 하는 이에게
혼자는 이토록 사치스러운 일인 한편,
연결된 데 없이 고립되었다는 감각은
괴로움과 우울감을 줍니다. '혼자 있고 싶다'와
'외롭다' 사이에서 갈팡질팡하는 가운데,
과연 혼자라는 것은 어떤 상태일까요?
혼자일 때 우리는 무엇을 발견하게 될까요?

? 혼자 있을 때 어떤 상태인가요?
혼자 무엇을 하나요?

? 왜 혼자 있고 싶나요?
혼자 무엇을 하고 싶나요?

? 혼자 있고 싶지만 동시에
혼자서는 살 수 없을 것 같을 때,
혼자인 우리가 어떻게 만날 수 있을까요?

《한편》 정기구독 안내

민음사 인문잡지 《한편》은
1월, 5월, 9월
연간 세 차례 간행됩니다.

2026년 1월 19호 ― 혼자
5월 20호 ― 로봇

1년 정기구독

자세한 내용과 정기구독 신청은
민음사 홈페이지에서 확인하세요.
www.minumsa.com

13,000원×3권=~~39,000원~~
> 35,100원(10% 할인)
+구독자 선물

민음북클럽 회원 또는 릿터 정기구독자가
《한편》 정기구독을 신청하면
최대 20%까지 포인트 차감 결제 가능합니다.

《한편》 뉴스레터 안내

민음사의 인문 콘텐츠 서비스
《한편》의 편지를 받아 보세요!
뉴스레터 구독은 무료이며,
《한편》 콘텐츠 일부가 제공됩니다.

민음북클럽 회원이 《한편》의 편지 구독 신청
+ SMS 수신 설정 시
20,000포인트를 적립해 드립니다.

책보다 짧고 논문보다 쉬운
한편의 인문학

우리의 생각은 한편의 글에서 시작되고
한편의 글로 매듭지어집니다.
한편 한편의 글을 엮어 의미를 생산하는
《한편》은 하나의 문제를 풀어 나가는 기쁨을
저자와 독자가 함께 나눕니다.

인문잡지 한편
19
혼자

글
하은빈, 김영민, 진송, 김미소,
박성우, 이종현, 홍성훈, 임가영

편집
신새벽, 김세영, 이한솔

디자인
유진아

발행일
2026년 1월 9일

발행인
박근섭, 박상준

펴낸곳
(주)민음사

등록일 / 등록번호
2020년 5월 20일
강남, 사00118

주소
서울시 강남구 도산대로1길 62(신사동)
강남출판문화센터 5층(06027)

대표전화
02-515-2000

홈페이지
www.minumsa.com

값 13,000원

ISBN / ISSN
978-89-374-9177-1 04100
2733-5623